JN106482

うまくいっている人の考え方
完全版

ジェリー・ミンチントン

弓場 隆 訳

ディスカヴァー
携書
100

謝辞

本書は、多くの人びとからのよい影響を受けて出来上がった。
とりわけ、心理学者アルバート・エリスの著作、現実から目をそむけずに世の中と関わっていくことを提唱する哲学者・思想家からの影響は大きかった。

より身近な存在として、三人の心やさしい親友からも助けられた。
クリフ・ブラッドレイ。仕事のうえで長年のパートナーである彼は、原稿を最初から最後まで、たいへん辛抱強く何度も読み返し、意見を述べてくれた。
ステイシー・ギルバート。彼女は機知と洞察、そして現代文化についての深い造詣を気前よく私に分け与えてくれた。
ジーン・ネイムズ。彼女は知恵と激励の泉であるだけでなく、人間に対する驚くべき観察力をそなえている。
あなたがたが私の素晴らしい友人でいてくれることに感謝する。

はじめに

自尊心とは

本書の中心にあるテーマは「自尊心をどう高めるか」ということである。

自尊心とは何か。簡単に言うと、それは自分を好きになり、他人と同じように自分も素晴らしい人生を創造するに値する人間だと信じる気持ちのことである。

自尊心は大切だろうか。答はイエス。なぜなら、自尊心は人生のほとんどすべての局面に大きな影響を与えるからだ。たとえば、人間関係、自信の度合い、職業の選択、幸福、心の平和、成功。これらはすべて自尊心と密接な関係がある。

なぜ、人は自尊心の欠如に苦しむのだろうか。だれしも成長の過程で、自分に対して悪感情を抱きたくなるような不快な経験をする。そして、その経験があまりにも多いと、心の中に次の三つの信念が出来上がる。

(1) 私は自分の人生を切り開くことができない弱虫だ。
(2) 私は不完全な人間だ。みんなより劣っている。
(3) 私は生まれつき欠点だらけの人間なんだ。

自尊心を取り戻すのはそんなにむずかしいことではない。要は、自分に対する考え方を修正すればいいだけである。そのためには、自分の人生は自分で創造できると確信し、生まれつき持っている自分の価値に目を向けることだ。そうすれば、右の三つのまちがった思い込みは簡単に取り去ることができる。

自尊心を高めるために、少し時間を割こう。その見返りとして、あなたは自信を身につけ、素晴らしい人間関係を築き、楽天的な人間になれることだろう。しかし、いちばん大きな見返りは、新しいセルフ・イメージ（自分自身について抱いているイメージ）である。なぜなら、そのとき、あなたは人間的に大きく成長し、はるかに幸せな自分に変身しているからだ。

本書の使い方

本書の提案をどう実行に移すか。それには、週に一項目ずつ、一年間にわたって取り組んでいくとか、あなたの状況にあった項目を見つけて取り組むとか、いろいろなパターンがある。たとえば、後者の方法であれば、順番は関係ないから、どこから読みはじめてもいい。

本書で使われている言葉は平易だが、その内容は重大な示唆に富み、あなたの人生を大きく好転させるパワーを秘めている。自尊心を高めて建設的で明るい人生を送ろうと思うなら、本書の内容にただ納得するだけで、今までの生き方をそのまま続けるというのでは意味がない。一時的に気分が盛り上がる以上の効果を求めるなら、本書の提案を実践することだ。どの項目も、そのテーマを「うまくいく考え方」として最後に太字でまとめてあるから、それを心に深く刻み込まれるまで、何回も繰り返し読むといいだろう。

本書の内容については賛成できない部分もあるかもしれない。しかし、もしすべて賛成できるというなら話は早い。というのは、多くの人は本書で説かれている数々の事実を日常生活で無視したがる傾向があるからだ。私自身、困難な教訓ほど直視したくなかった。しかしだからといって、それが真理ではないということにはならず、結局、私はその教訓を学びとるまで何度も苦しみつづけなければならなかった。

最後に一言。本書の提案を実行に移す前に、それが自分の人生にどのような影響を与えるかをじっくり考えてみるようにしてほしい。どんな便利な道具でも、使い方をまちがえたり、結果を考えずに使ったりすると害になる恐れがあるからだ。

では、本書を大いに楽しみながら読んでいただきたい。

うまくいっている人の考え方　完全版　**目次**

第1部　自分を好きになる

自分に寛大になる

自分を大切にする

自分を受け入れる

自分の価値を信じる

自分の人生を生きる

第2部 よりよい考え方を選ぶ

視点を変えてみる

自分と出会う　人と出会う

ポジティブに考える

ありのままの自分を見る

自分の手で人生を創り出す

第1部
自分を好きになる

自分に寛大になる

1

自分を許す

ミスをしても自分を責めるのはやめよう。

「自分はなんてバカなんだ」とののしったり、自分を非難したりしてはいけない。そんなことをすると、自分のすることは何でもまちがっているんじゃないかという気持ちになって、さらにミスを繰り返すことになるだけだ。

その反対に、自分がミスをしても、「だいじょうぶ、たいしたことはない」と心の中で自分にやさしく声をかけよう。そうすれば、プレッシャーが軽くなってミスを繰り返しにくくなる。

自分にやさしくすると、もっといいことがある。それは、あまりよくなかった決定に悩まないことによって、自分はなぜまちがった決定をしたのかを学習する余裕ができるからである。そうすれば、今後、同じようなミスを繰り返さないための対策を立てることができる。

だれだって選択ミスをしてしまうことがある。しかし、それはわざとではない。みじめな気分になることを人生の目標にしている人はひとりもいないはずだ。

この次、ミスをしたときは、ミスをすることは正常で、だれでもミスをするのだということ、自分が犯したすべてのミスは、重大なミスも含めて一〇〇パーセント自分で許せるということを忘れないようにしよう。

うまくいく考え方　その1

ミスしたときに自分にやさしくしよう。そうすれば将来、ミスが避けられる。

2 自分の長所にだけ意識を向ける

ひとつの物事に意識を集中すれば、それは拡大する。

たとえば、相手の長所を何度もほめてあげれば、その人の長所は磨きがかかるし、逆に、あら探しをすれば、いくらでも見つかる。

自分の長所と自分の人生で恵まれている部分にいつも意識を向けよう。そうすれば、長所はさらに磨きがかかり、恵まれている部分はよりいっそう大きくなる。

うまくいく考え方　その2

長所に意識を集中すれば、それはもっと伸びる。

3 したくないことははっきりと断る

こちらがいやだとか都合が悪いと思っているのに、自分の仕事をひたすら押しつけてくる人がいる。そして、もしその人の要求に負けてそれを受け入れると、結局、こちらが憤りを感じたり、相手の犠牲になったように感じたりするものだ。

こういう状況から逃れようとして、断る理由をいろいろ考えても、めったにうまくいかない。相手は口がうまく、理屈をいろいろこねて説得してくるだけだ。

こういうときは、はっきりと断ればいい。いちばんいい解決法は、「私はそれをしたくありません」と言い切ることである。理由を述べる必要はない。

相手があなたに要求を押しつけてくることに疑問を感じないのと同様、あなたも相手の要求をはっきりと断ることに疑問を感じる必要はない。

うまくいく考え方　その3

自分の責任ではないことを引き受ける義務はない。

4 いやなことを言う人は相手にしない

相手を不愉快な気分にさせるために、わざといやなことを言う人がいる。こういう人が実在するということはあまり信じたくないが、残念ながら、私たちは現実にこういう人に出会ってしまうことがある。けれども、こういう人は非難すべき人ではなく、本当は同情してあげなければならない人なのだ。

こういう人は、攻撃しやすい人を見つけると、その人をけなして気分を悪くさせてやろうと考える不幸な習性を持っている。その意図は、相手をだしにして優越感を感じることで自分の自尊心の不足を補うことである。

こういう人の言うことにいちいち腹を立てたり気分を害したりすると、相手の思うツボである。あなたが自分に余裕が持てるまで、こういう人はできるかぎり避けるのが正解だ。

うまく言い返してやろうなどと考えると逆効果である。何も言わずにほほ笑むとか、適当にあいづちを打って受け流し、自分のことに集中しよう。相手の自尊心を高めるために、自分の自尊心を犠牲にしなければならない理由はないのだから。

うまくいく考え方　その4

**相手を気分よくさせるために、
自分が不愉快な思いをする必要はない。**

5 地位や財産で人を判断しない

子どものころから私たちは、ある特定の人たちを敬うように教え込まれてきた。知識や学歴、地位、名声、財産などを持つ人たちは優秀で称賛と尊敬に値するという意識を植えつけられたのだ。

これらのものを持っている人が持っていない人と異なっていることは事実だ。しかし、だからといって優れているということにはならない。それはうわべだけの区別にすぎず、尊敬したり名誉を与えたりするための基準としては、きわめてあやふやなものである。親指や鼻が大きいという理由で、その人が立派だと信じるのと同じようなことなのだ！

うまくいく考え方　その5

業績や地位は、その人が自分より価値のある人間だという根拠にはならない。

6 たくさん失敗して、たくさん学ぶ

生まれたときに『人生における失敗を確実に避ける方法』というマニュアル本をもらっていれば便利なのだが、こういう本はまだ出版されていない。そのせいか、私たちは数え切れないほどの失敗をする。ときにはひどい失望を感じさせるような失敗すらしてしまうことがある。

失意のどん底にあるとき、私たちはひとつのたいへん重要な事実を見逃している。それは、失敗は学ぶために不可欠だということである。

失敗は貴重なことを学ぶいい機会である。なぜなら、失敗するたびにまちがった解決法がひとつずつ消えて正しい解決法に近づいていくのだから。

これからは、自分には失敗をする自由があるというように考え方を変えてみてはどうだろう。そうすれば、いろいろな技能が習得できて、成功の可能性がぐんと高くなるはずである。

うまくいく考え方　その6

すべての失敗は、学ぶための絶好の機会である。そう考えることが賢明な態度だ。

7 自分のまちがいは堂々と認める

多くの人は自分がまちがいや失敗をするという事実を認めたがらない。その理由は、自分を責める気持ちにもういやというほど苦しめられているので、これ以上苦しみたくないからである。

自分がまちがっていることを知ると、どうしても心の奥底で苦痛を感じてしまうものである。そこで、もう苦痛を感じなくてすむように自分はいつも正しいと自分で思い込み、他人にもそう思ってもらおうとするのだろう。

しかし、そんなに肩ひじを張って生きる必要があるだろうか。自分がまちがっていたら、それを堂々と認めればいいのだ。いつも正しい必要はないのだから。

しょっちゅう失敗するからといって、世間から追放されることはない。いつも正しい人がより優れた人ということにはならないのと同様、失敗しても人間的に劣っているということにはならない。

まちがいを犯すということは、人間的に劣っているということではなく、人間的だということである。自分が犯したまちがいを進んで認められるということは、人間的に円熟している証（あかし）であり、健全な自尊心の尺度である。

うまくいく考え方　その7

正しくてもまちがっていても、
自分は常に価値のある人間だ。

8 自分の気分に責任を持つ

自分がどれだけ幸せかは、人生観しだいである。幸せというのは、何かいいことがあったから気分がいいということではなく、あくまでも自発的に生み出される心の状態を指すのだ。

ここで、びっくりするような事実を紹介しよう。どれくらい幸せを感じるかは練習することで増やせるのだ！　毎日五分間、幸せを意識的に感じる練習をしてみよう。何らかの理由で幸せだというのではなく、とにかく幸せな気分になってみるのである。

まず、自分の人生でいちばん幸せだった日のことを思い出してみよう。そのとき、あなたはどんな気分だったか。そのときの気分をもう一度体験してみるのだ。

この練習を日常的におこなえば、あなたは幸せになりたいときに幸せになれて、毎日をより幸せな気分で過ごせるだろう。

幸せは自尊心と同様、個人の責任。他人があなたを幸せにしてくれることもあるだろうが、最終的にはあなた自身の心の持ちようしだいだ。

うまくいく考え方　その8

いつでも幸せな気分になれる。

9 自分をけなさない

自分に向かって自分のことを話すときは、常にプラスの言葉を使おう。自己批判に陥っているときは、それがどのような理由であれ、すぐにそれをやめよう。人間は完璧ではない。だったら、それを問題視して何の役に立つだろうか。

「自分はなんてバカなんだ」「ダメな人間だ」「頭が悪い」「この程度しかできない」と考えたり口に出して言ったりするのは絶対にやめるべきだ。また、これらの言葉を一掃するついでに、「太っている」「スタイルが悪い」「顔がよくない」といった言葉も捨て去ろう。自分をけなすことは、自分の短所ばかりを強調し、自分の長所を不当に無視することになる。

あなたにまったく責任がなくても、あなたを責めてくる人は世の中にいくらでもいる。

だったら、あなたまでいっしょになってあなたを責める必要はない。

うまくいく考え方　その9

自分にプラスの言葉をかければ自尊心が高まる。

自分を大切にする

10 仕事を楽しむ

大嫌いな仕事をしなければならないのは一種の拷問だ。仕事がいやだと思うと、朝起きることがつらくなり、なんとか一日を乗り切るだけで精一杯になる。そうなると、仕事に喜びを見いだすどころか、仕事を忘れようとして、今度の休暇や週末は何をして過ごそうか、給料が出たら何に使おうか、といったことばかり考えてしまうことになる。

なぜ、こんな夢も希望もない生活を続けるのか。今の仕事がいやなら転職すればいいのに。自分がいやだと思っている仕事をして毎日を過ごすことは無意味だ。もちろん、今すぐ転職できるとは限らない。家族の面倒を見なければならない場合もあるだろうし、金銭面での問題を抱えている場合もあるだろう。しかしだからといって、将来のために準備しなくていいということにはならない。

では、何から始めたらいいか。第一に、軌道修正するために必要なことは何であれ絶対に始めると決意すること。次に、目標を選び、実行可能な計画を立てて段階的に実行すること。この二つだ。

あなたが仕事を愛すれば、周囲にいるみんなのためになる。あなたは自分の仕事を楽しんでいるから幸せな気分だし、いっしょにいても楽しい存在だ。また、あなたが提供するものを手に入れる人たちは、愛情のこもった製品やサービスを得ることができる。

うまくいく考え方　その10

自分は、心から楽しめる仕事をするに値する人間だ。

11 相手にどう思われているかを心配しない

あなたが相手にどう思われているかを心配しているときは、たぶん相手もあなたにどう思われているかを心配している。

うまくいく考え方　その11

自分が相手に与える印象を気にしないほうが、
いい印象を与えられる。

12
自分は幸せになれると信じる

あなたは自分の生活の質、仕事、人間関係、家庭環境について満足しているだろうか。もし不満があって、それを変えたいと思っているのなら、だいじょうぶ。必ずできる。

私たちが今の状況に置かれているのは、ほとんどの場合、偶然ではない。私たちは、自尊心の度合いに応じて、自分にふさわしい人間関係や状況に自分を引き込んでいる。（ただし、それは無意識の行為だから、意識的にほしいと思っているものとはかけ離れているかもしれない。）

健全な自尊心を持っている人が他人からの敬意や協力、友情を期待し、しかもそれらをおおよそ得られるのに対し、自尊心の乏しい人は居心地の悪い不快な状況にしばしば巻き込まれ、けなしあうような事態さえ招いてしまうのは、そういう理由によるものである。

では、人生を好転させるにはどうすればいいのだろうか。それは自尊心を高めることに意識を集中することだ。そうすれば、幸せになろうという思いが強くなる。自分はより幸せになるに値する人間だと心から確信できれば、あとは簡単。幸せを生み出すために必要な、安全で合法的な手段をとればいいだけだ。

うまくいく考え方　その12

自分は最高の人生を送る資格のある人間だ。

13 あるがままの自分を受け入れる

私たちは「もし～すれば、～なんだけどなあ」というゲームを心の中ですることがよくある。たとえば……

「もしこれをやめれば、自分はいい人間なんだけどなあ」
「もし別のことを始めれば、自分は成功できるんだけどなあ」
「もしこれを持っていれば、自分は価値のある人間になれるんだけどなあ」

このような願望は、今の自分でいいのだという考え方を否定し、自分を受け入れることを無期限に延期する性質のものだ。その結果、自分がいつもダメな人間だと感じてしまうことになる。

実際には、あなたはあるがままのあなたでいいのだ。無理に変わろうとする必要はない。

個人的な特徴に関係なく、あなたは常にすべての面で完全に価値のある人間なのだ。

だからこれからは次のように自分に言い聞かせよう。

「私は常に進歩しつつある人間だ。私は現時点でのベストを尽くしている。将来、今より向上すれば、今度はその時点でのベストを尽くせばいい」

うまくいく考え方　その13

自分は今のままで完全に価値がある。

14 自分のしたいことをする

私たちは成長する過程で、他人の意見をすごく気にするようになる。その原因は、親や学校の先生から「人からどう言われるか、あるいはどう思われるかを考えなさい」と言われつづけたことにある。こうして、他人からどう思われるかを優先課題にするようになった。

その結果、他人からどう思われるかを重視するあまり、自分のための生き方ではなく他人のための生き方を追求するようになってしまったのだ。つまり、自分がしたいことではなく、他人から期待されていることや他人の称賛が得られそうなことを行動方針にするようになったのである。

他人の意見を優先すればするほど、自分が本当にしたいことをする自由が失われる。そればかりか、自由にものを考えることすらできなくなる。

さらに悪いことに、自分のことを他人がどう思っているかを不当に重視すると、自分を他人よりも人間的に劣っていると思い込んでしまうようになる。

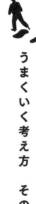

うまくいく考え方　その14

他人の意見を優先すればするほど、自分の生き方を選ぶ自由を失う。

15 毎日三十分、自分のための時間を持つ

毎日、自分にこんな予約をしよう。自分が心から楽しめることをするための質の高い時間を、少なくとも三十分は確保する、と。

といっても、手のこんだことやお金のかかることをする必要はない。小説の一章を読む、詩を書く、好きな食べ物を食べる、何もせずに心を落ち着かせて静かにすわっているといった簡単なことでいいのだ。何を選ぶにしても、それが自分に満足感や楽しみを与えてくれることであればそれでOK。

仕事に追われたり家族や友人の要求に無理に応えたりしているうちに、自分の人生がいとも簡単に犠牲になってしまう。

これからは自分の必要性を満たすことは自分にとって大切だという意識を持ち、毎日あ

る程度の時間を自分のために使うようにしよう。

うまくいく考え方　その15

自分は、自分のための質の高い時間を毎日確保するに値する人間だ。

16 他人の思いどおりにはならない

他人の行動について不当な期待を抱く人がいる。こういう人は自分がしてほしいと思っていることをしてもらえないと、自分の気持ちが傷つけられたことを相手に伝える。たとえば、「あなたは気配りが足りない」「思いやりがない」「わざと不親切なことをした」と言って相手を責めるのがそれだ。

こういう態度をとる人は、自分のやり方に相手が従っていないようだと、これらのセリフを使えば、精神的に優位に立って相手に罰を加えられることを知っている。自分が犠牲者であるふりをして、相手を犠牲者に仕立て上げるという戦法だ。その目的は、相手を不安にさせて優先順位を変えさせ、自分の言いなりにすることである。もし相手が恥じ入って謝罪すれば、自分が勝ち、相手を手なずけることができる。

自分の思うように相手が行動することを期待する権利を持っている人がこの世に存在するだろうか。もちろん、相手の同意を得ているとか相手の行動を管理する資格があるというのなら話は別だ。しかし、そうでないなら、そのような権利を持っている人は、この世にひとりも存在しない。

あなたは礼儀正しさや、さわやかな態度だけを心がけていればいいのであって、自分のしたいことを犠牲にしてまで他人を喜ばせる必要はない。

うまくいく考え方　その16

自分のしたいことをするのがいちばん大切だ。

17

夢を実現するために行動する

将来のために綿密に立てた計画が実現しなかったとき、がっかりした経験はないだろうか。そういう経験をよくするようであれば、なくてはならない要素を省いてしまっているのかもしれない。それは何だろう。

夢を持って将来設計をすることは素晴らしいのだが、願望を抱いているだけではほとんど何も起こらない。願望を現実に変えるには、願望を抱く以上のことが必要なのだ。

何らかの目標を達成したいと真剣に思うなら、それに向けてかなりのエネルギーを注ぐ必要があるのだ。

うまくいく考え方　その17

ほしいものがあるなら、
それを手に入れるだけのことをする必要がある。

18 他人からどう評価されようと気にしない

私たちは世間の評価を気にしすぎるあまり、他人からのマイナスの評価をまともに受け止める傾向がある。私たちは自分の人格や行動、性格を他人が正確に評価していると錯覚しているのではないだろうか。しかし、他人が私たちをどれくらい正確に評価しているかは極めて疑問なのだ。

人は自分を基準にして他人を判断する。だから、自分に対する他人の評価はまちがっていることのほうが多い。あなたが今のあなたのようになったのはどうしてなのかを、あなたの生育歴や人生経験についてほとんど知らない赤の他人が、どうして理解できるだろうか。

あなたに対する他人の評価は、その大部分が不正確だということを念頭に置いておくといい。他人の評価があなたの生活に深刻な影響を与えるのでないかぎり、他人があなたをどう評価しようと、気にかける必要はない。

うまくいく考え方　その18

他人からのマイナスの評価は、かなり差し引いて考える。

19 不平・不満を言わない

あなたは物事が思うようにいかないとき、自分に不平・不満を言う癖があるだろうか。もしあるなら、その癖が少しでも自分にとってプラスになっていると感じたことが一度でもあるだろうか。

自分に不平・不満を言うのには、それなりの理由があるかもしれない。しかし、この癖は事態をますます悪化させるだけなのだ。事態を好転させるために何らかのことをしないかぎり、不平・不満を言ったぶんだけ自分がいっそうみじめになり、「どうしていつも私ばっかり……」といった被害者意識が強くなるだけである。

毎週一日を選んで、この悪癖と向きあおう。その日には、どんなことがあっても不平・不満を口にせず、批判めいたことをいっさい口にしない。自分が不幸を招く考え方をしていると気づいたときは、すぐに頭を切り替えて楽しいことを考える。

これには少し練習が必要かもしれない。あなたがよく愚痴をこぼすタイプであれば、まず短時間の練習から始めるといい。たとえ少しの間だけでも否定的な考え方を取り除く習慣が身につけば、自分の人生がいかに明るく快適になっていくかに驚くはずである。

うまくいく考え方　その19

不幸を招く考え方を避ければ、より幸せになる。

自分を受け入れる

20 他人に期待しない

私たちは他人が自分とほとんど同じ行動をとるものだと思いがちである。だから、他人が意外な行動をとると、腹を立てたり、がっかりしたり、心配になったりする。

しかし、かなりよく知っている人でないかぎり、他人の行動を正確に予測できる確率はせいぜい五分五分程度でしかない。あなたの行動が周囲の環境や人生経験の独特の組みあわせによって形成されるように、他人の行動もその人なりの背景によって形成される。

こんなふうに一人ひとり個性があるからこそ、他人の行動はときとして理解しづらいことがある。裏を返せば、あなたの行動だって、他人にとっては理解しづらいことがあるのだ。

うまくいく考え方　その20

他人が自分と違う行動をとるのには、それなりの理由がある。

21 完璧を求めない

完璧主義者は幸せな人ではない。完璧主義者に共通する傾向をいくつか指摘しよう。

●他のだれよりもきちんと物事を処理できると信じているために、よけいな仕事をたくさん背負い込む。
●物事の決定に悩み抜く。
●絶えずミスを探し求め、いつもミスを発見する。
●最悪なのは、何事も完璧にこなす能力を自分の人間としての価値と同一視することである。このために、完璧主義者は自分を一級の人間だとはなかなか思えなくなっている。

どのような仕事に取りかかるにしても、それに相応の完璧さというものがある。たとえば、脳外科の手術は芝刈りよりもずっと高度な技術が必要になる。要は、どの程度の完璧さがその仕事に必要になるかを事前に見きわめることだ。どの程度の完璧さが必要かがわかれば、その仕事にあった心構えで取りかかれる。

あなたの目標は何もかも完璧にこなすことではなく、むしろそんなに完璧を求める必要がないことを理解することなのだ。

うまくいく考え方　その21

自分にとって現実的な基準を設定することが賢い方法だ。

22 自分を他人と比較しない

自分を他人と比較するのはやめよう。自分を他人と比較する習慣は、一方で不満を生み、他方でまちがった優越感を生むだけだ。そして、そのどちらも現実的なセルフ・イメージを育てる妨げになる。

自分を他人と比較するとき、心の中で相手と自分との優劣を判断しているのが典型的なパターンである。だから、自分より優れている人を見ると落ち込み、自分より劣っている人を見ると元気が出てくる、という結果になる。しかし残念ながら、総合すると「自分はダメだ」という気持ちのほうが優勢になる。それなら、わざわざ自分を他人と比較したりせずに、はじめから落ち込んでいたほうがよけいな手間がかからないぶんだけマシというものだ。

自分を他人と比較するのはどんな場合も好ましくない。なぜなら、あなたはこの地球上に住む他のすべての人と同様、独自の長所、短所、才能、能力を持つ個性的な存在だからだ。環境や人生経験、ものの見方・考え方が組みあわさって、あなたは他のだれとも違うユニークな存在になっている。これはいい・悪いの問題ではなく、事実である。

うまくいく考え方　その22

自分は個性的な存在だ。
だから、他人と比較しても意味がない。

23 自分の価値を疑わない

「あなたは価値のない人間だ」という意味のことを他人に言いたがる人がいる。こういう人は、自分と比較して相手が何らかの点で違っているという理由で、相手をほとんど価値のない人間だと見なすのである。

こういう人にとって「重大」な違いとは、外見、行動、宗教、人種、性別、収入、家柄、あるいはそれ以外の無数にある「優劣」を示す基準によるものなのだ。

なぜ、このような哀れな性癖を持っている人がいるのだろうか。その理由は、自分が他人より優れていると確信できれば、偽りの自尊心を持つことができるからである。つまり、自分より劣っていると思える人の基準を創り出すことによって、自分の価値が高められると思っているのだ。これは、土星が自分の周囲には環(わ)があるという理由で火星より価値があると思い込むようなものだ！

他人が何と言おうと、人間の価値を決定する絶対的な基準はない。あるのは、精神的に不安定な人たちが独断と偏見で決めた基準だけである。人間の価値とは、数量で測定できるものではなく、生まれたときにもらって死ぬまで持ちつづける尊厳のことなのだ。

相手をおとしめることによって自分をよく見せたがる人と接するときは、要注意。あなたがその人の意見に同意しないかぎり、あなたに劣等感を持たせることはだれにもできないのだ。

うまくいく考え方　その23

自分のどんなところも、他人との優劣を決める基準にはならない。

24
自分で自分を苦しめない

少年がハンマーで何度も自分の親指を叩いていた。その様子を目撃した人が不思議に思い、「どうしてそんな痛いことをしているのかね」とたずねた。すると、少年はこう答えた。

「叩くのをやめたときに気分がよくなるからさ」

これは他愛もないジョークのようだが、ひとつの重大な真実を言い当てている。それは、この少年がハンマーによって自分に苦痛を与えていたように、私たちも自分の感情によって自分に苦痛を与えているということである。

私たちは感情の反応が自動的だと思っているようだ。つまり、何かが起これば、それが私たちに自動的に反応を起こさせるというふうに考えているのである。しかし、実際にはそういう仕組みにはなっていない。感情は内面の働きである。何かが起こったとき、いやだなと思うのは自分であり、自分の感情によって自分を叩きのめしてしまうのである。

苦痛を伴うこのような感情を自分でつくっていることを認めないから、外的な原因に責任を押しつけて自分がその犠牲になったと感じるのだ。しかし、それでは何も解決しない。その反対に、自分の心の状態は自分に責任があると認めれば、人生を創造する素晴らしいパワーが得られる。そのパワーを利用すれば、うまくいかない解決策を試すのをやめられるだけでなく、もはや自分の気分を自分以外のものに左右される必要がないことがわかるはずだ。

うまくいく考え方　その24

自分で自分を傷つけなければ、多くの苦しみが避けられる。

25 無理をして人から好かれようとしない

なぜだかわからないが、自分が相手を嫌っていることを相手にわからせようとする人がいる。そんなとき、私たちはたいていそれは自分のせいだと思い、どうしたら相手の気分をよくすることができるだろうと悩んでしまう。

そこで必要なことは、こう自分に問いかけることだ。

「他人が私のことを好いていないからといって、なぜ私は自分を変える義務があると思ってしまうのだろうか？」

他人が自分のことを好いていないという問題を解決する方法は、他人に好いてもらうために自分を変えることではない。真の解決法は、だれからも好かれることは不可能だし、またその必要もないということを理解することなのだ。

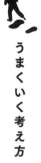

うまくいく考え方　その25

人に好かれるために無理に自分を変える必要はない。

26 まちがったことをしても自分を責めない

あなたと、あなたのすることは別だ。たとえ「悪い」ことをしてしまっても、あなたは悪い人間なんかではない。単に、賢明ではない決定をたまに下すことのある人間だというだけである。

私たちは自分がとろうとする行動の結果を考えもせずに衝動的に行動することがある。あるいは、理由も知らない、または理解できないまま行動することもある。そして、愚かな行動を愚かだとは思わず、そのときは最善のことをしているつもりで行動し、結局、後になってそうではなかったと気づくこともある。

あなたのとった行動はあなたの人間としての価値とは関係がない。まちがいを避けたからといって、いい人間であるわけではないのと同様、まちがいを犯しても悪い人間というわけではない。

うまくいく考え方　その26

たとえ愚かなまちがいをしても、
自分は十分に価値のある人間だ。

27 自分の決断に自信を持つ

たとえ大きな失敗をしても、絶望してはいけない。自分が今までにしてきた数々の正しい選択を思い出そう。そして、過去の数々の成功を祝い、そのもとになった賢明な決断に誇りを持とう。

私たちは日常生活で無数の決断を下す必要に迫られている。決断にはまちがいを犯す可能性がいつもつきまとうのだから、その多くの選択のすべてが完璧であると期待するほうが無理だろう。

あなたが下してきた決断は、まちがっていたことよりも正しかったことのほうがずっと多いはずだ。あなたが今までに下してきた、人生を豊かにする賢明な数多くの決断に比べれば、まちがった決断の数は、ほんのわずかでしかない。

うまくいく考え方　その27

自分が下す決断は、まちがっていることより
正しいことのほうがずっと多い。

28 まず、自分をほめる

他人に高く評価されることが重要だと考えているなら、その願いはそう簡単にはかなえられない。

自分に対する他人の評価を重視しすぎると、他人に感情的に支配されることになる。他人に高く評価されることで気分がよくなることを願っていると、他人から無視されたときに落ち込んでしまう。また、他人にほめられることを期待していると、他人に責められたときにショックを受けてしまう。

他人からの評価が収入や成績を大きく左右するというのならともかく、単に自分が気分よくなりたいというだけなら、他人から高く評価される必要はない。自分を高く評価するのは自分だけで十分だ。このことが理解できれば、他人に評価されようとして気をつかう必要はもうなくなる。

うまくいく考え方　その28

自分で自分を高く評価するのがいちばんだ。

29 自分の健康には自分で責任を持つ

あなたは自分の健康管理のために何をしているだろうか。

具体的な健康法を全部集めると、おそらく何百とあることだろう。健康や栄養に関する一般向けの本はいくらでもあり、病気の予防と改善のための情報は巷に氾濫している。最高の健康状態を維持するための講座やビデオなども数多くある。といっても、基本となるのは禁煙、規則正しい食生活、十分な休養、適度な運動だろう。

自分の健康は自分で責任を持って管理しなければならないが、それには理由が四つある。

（1）私たちが自分の健康に及ぼした被害を修復するために、医者は時間のほとんどを使わなくてはならず、予防方法についていちいち細かく説明する時間がない。

（2）自分が節制して得をするのは、ほかならぬ自分である。

（3）自分の体のことをいちばんよく知っていて、どのような生活習慣が自分の健康にどのような影響を与えるかを把握しているのも自分である。

（4）健康管理を積極的におこなうことで、自分の人生を管理することができ、それがまた自尊心を高めることにもつながる。

うまくいく考え方　その29

自分の健康は自分で責任を持って管理する。

自分の価値を信じる

30 批判は余裕を持って受け入れる

あなたは人から批判されたときにどのような対応をするだろうか。実際、そのときのあなたの対応ぶりほど、あなたの自尊心の状態を明らかにするものは少ない。自分のことがあまり好きでない人は、他人から批判されると自分の人格が批判されたと感じ、人間としての価値まで否定されたように思ってしまうものである。

他人から批判されたときは次のことを思い出そう。

（1）その批判から何かが学べることがあるかもしれない。もし自分がまちがったことをしているなら、それに気づいておくことが自分にとっていちばんの利益になる。

（2）自分の行為に対する批判は、人格批判ではない。

（3）たとえそれが人格批判であっても、相手に協力して自分を批判する必要はない。

うまくいく考え方　その30

広い心で余裕を持って批判を受け入れたほうが
自分の得になる。

31 自分で考え、自分で決める

私たちのまわりには、無料アドバイスをしてくれたり、私たちに代わって決断を下してくれたりする人がいやというほどいる。こういう人たちの特徴は成功とは縁がないということだ。にもかかわらず、この人たちは他人の人生について助言をする資格があると思っているらしい。

しかし、たとえこれらのおせっかいな人たちが幸せな成功者であったとしても、彼らに決断を代行してもらうことは得策ではない。その理由は三つある。

第一に、あなたの人生をいちばんよく知っているのはあなた自身だということである。あなたが抱えている問題に対処するには、他人の解決策よりもあなたの解決策のほうが適切であることが多い。

第二に、もし他人があなたに代わって決断すると、物事が他人の思うように展開し、あなたの望んでいることが得られなくなる恐れがある。

最後に、といってもこれがいちばん重大な理由なのだが、あなたの人生を他人の決断にゆだねてはいけないのは、他人に決断を代行してもらっていると、自分で決断する習慣が身につかなくなるからだ。

もちろん、他人のアドバイスに耳を傾けることは大切である。しかし、だれのアドバイスを聞き入れるにせよ、あなたのとった行動の結果は最終的にあなた自身の人生に返ってくることを忘れてはいけない。あなたの決断が完璧であるとは限らないが、いつも他人の判断ばかりに頼らずに、自分でまちがいを犯しながら何かを学びとるほうがいい。

うまくいく考え方　その31

自分で決断することが、いちばん自分のためになる。

32 ほめ言葉は素直に受け入れる

人からほめられると何となく居心地が悪くなるのは謙虚だからではない。それは自意識によるものである。つまり、人からほめられても、自分にはそれだけの価値がないと心の中で信じているために、とまどってしまうことが原因なのだ。

子どものころ、私たちは自分の長所を自分で口に出して言うことはよくないと学んだ。自分で自分をほめる人間は自惚(うぬぼ)れ屋とか虚栄心が強いと思われるからである。その結果、他人がせっかく好意的な評価をしてくれても、照れて敬遠するようになる。どうやら、子どものころに教えられたことから脱皮する必要があるようだ。

自分がいいことをしたら、それを自分で認めることは何も悪いことではない。といっても、ほめられたときに、「はい、そのとおり。私は素晴らしい人間です」などと言う必要はない。ほめ言葉を素直に受け入れればいいのだ。

「大したことではありません」とか「もっとうまくできたんですが」と言って自分の能力や技能をわざわざおとしめる必要はない。ほめてくれた人に向かって「いいえ、そんなことはありません」と言うのは、「あなたの判断はまちがっています」と言っているのと本質的に同じことなのだ。

自分のしたことに対して人から寛大な気持ちで称賛の言葉をかけられたら、あなたも寛大な気持ちでそれを受け入れ、心からお礼の言葉を述べよう。あなたはほめられるだけの価値があるのだから。

うまくいく考え方　その32

人がほめてくれたとき、
それを受け入れるのはいいことだ。

33 他人を変えようとしない

「もし周囲の人たちが私の思うようにふるまい、私の希望どおりになってくれさえすれば、人生はさぞ快適になるのだが」

私たちはどうもそう思い込んでいるようだ。しかし、私たちがどれだけ頼んでも、文句を言っても、おどしても、ほとんどの人にとってそんな願いを聞き入れるのは耐えられないことである。たとえもし聞き入れてくれたとしても、それに見合うだけのものを提供しなければ、まもなく元の状態に戻ってしまうだろう。

自分が他人を問題視することをやめないかぎり、人間関係の問題はなくならない。このことに気づけば、人間関係に関する不変の真理が把握できる。それは、たいていの場合、他人を自分の思いどおりに変えようとして時間を浪費するよりも、自分の態度を変えたほうが、てっとり早くて現実的、しかも長続きするということだ。

うまくいく考え方　その33

よほど深刻な問題でないかぎり、自分の身の回りで発生する問題は、自分の態度を変えるだけで解決する。

34 自分の考えを大切にする

相手が期待していることではなく、自分が本当に思っていることを言おう。といっても、相手のいやがることや皮肉を意図的に言うことを勧めているのではない。自分の意見は他人の意見と同じくらい重要だということである。

相手が同意してくれるかどうかは重要ではない。自分の考えが世間の常識と違っていることもあるだろう。しかしだからといって、自分の考えの重要性が減ることはないし、自分の意見を述べる権利を失うわけでもない。

今度、相手に気に入ってもらうという目的だけで「私もそう思います」と言いそうになっても、そう言う必要はない。それは不誠実な言葉であるだけではない。自分の信念と理想を曲げて妥協する態度は、本当に価値のある友人をつくることにはつながらないのだ。

相手の意見に賛成できないならば、「私はそうは思いません」とはっきり言おう。

うまくいく考え方　その34

自分の考えも他人の考えと同じくらい重要だ。

35 自分でできることは自分でする

あなたがすでに身につけているいくつかの能力に、新しいひとつの技能をつけ加えよう。といっても、家の増改築のような大げさな技能である必要はない。たとえば、パンク修理や家計簿つけ、新しい料理などの簡単な技能でいいのだ。

その目的はお金を節約することではなく（お金の節約は多くの人にとって魅力のあることだが）、必要なことを自分でする精神を養うことである。いったん新しい技能を身につければ、いざというとき他人に頼らなくても自分でできるから、「だれも助けてくれない」という被害者意識を持たずにすむ。

技能を身につけると、「自分だってやればできるんだ」という気持ちになる。そして、同じくらい大切なのは、自分の人生は自分で切り開けるという自信につながることだ。

うまくいく考え方　その35

自分でできることが多くなれば
より自由に自分の人生を切り開けるようになる。

36 よけいな競争はしない

競争は人格を磨き、自信を育てると一般に考えられている。しかし実際には、そのどちらにも悲惨なくらい効果がない。競争が大多数の人に与える影響は、劣等感を抱かせ、自信を失わせることでしかないのだ。

考えてみれば、競争というのは、負けてしまう人のほうが勝つ人よりもずっと多いように設定されているのだから、こういう結果になるのは当然である。大多数の人が他人に対して劣等感を抱かざるをえなくなるような活動は、ひどく有害なものだとしか言いようがない。

競争の本当の危険性は、たいへん多くの人が自分の人間としての価値を勝敗で判断してしまうことにある。負けることは、私たちが生きていくうえでよく経験することだが、負けて気分がよくなる人などひとりもいないだろう。だれだって、負ければ気分が悪くなる。その結果、自分に二流、三流、四流の人間というレッテルを貼り、やがて負け犬根性が染みついてしまうことになる。

勝てば人生がずっと素晴らしいものになるという見返りが得られるのでないかぎり、競争は無視するのがいちばん得策である。競争することそれ自体が楽しいなら別だが、それ以外の理由で競争するなら、それはあなたにとってほとんど何の役にも立たない。

うまくいく考え方　その36

勝っても負けても、自分は常に価値のある人間だ。

37 自分を最優先する

理想主義者たちは「たとえ自分が恵まれていなくても他人が恵まれるよう心がけなさい」と教える。これは崇高な考え方のように聞こえるが、自分を犠牲にするとは、他人が自分より重要だと信じることだから、これはナンセンスである。

人間の価値を測る尺度は存在しないのだから、「他人が自分より重要だ」ということはありえない。私たちはみんな同じくらい重要な存在であり、一人ひとりが必要としていることも同じくらい重要なのだ。

うまくいく考え方　その37

自分が必要としているものは、
他人が必要としているものと同じように重要だ。

38 他人をむやみに持ち上げない

私たちは自己矛盾を抱えている存在である。財産や肩書、学歴のような何か特別なものを持っている人たちを重要人物と心の中で思い込んで「偉い人だ」と持ち上げる一方で、「あの人たちは私を見下している」と文句を言う。これは自分で頭の上から水をぶっかけて「ずぶ濡れになった」と文句を言うのと同じくらいおかしなことだ。

このような自己矛盾に陥らないための解決策は極めて簡単、他人を持ち上げないようにすればいいのだ。他人を見上げなければ、見下されたと感じることはありえない。

特定の人たちを実際以上に偉い人間だと考えているのは自分なのだから、その人たちを実物大に戻すのも自分だ。他人が自分と異なっているからといって、その人がそれだけ偉いということにはならない。私たちはみんな、しょせん人間なのだ。

うまくいく考え方　その38

自分は他人より重要というわけでもないし、
重要でないというわけでもない。

39 自分の存在そのものに価値があると信じる

自分の人間としての価値を自分の業績、知性、財産と関係があると信じるのはまちがいだ。あなたが持っている能力や所有物はあなたの収入を左右するかもしれない。しかし、あなたの人間としての重要性や価値とは何の関係もない。

あなたは人間としての価値を最大限に高めるために何か特別なことをする必要はない。この世に生まれてきたときから、あなたは価値のある存在なのだ。別に特別なことをしなくても、あなたの人間としての生来の価値は不変である。

うまくいく考え方　その39

能力や所有物は自分の価値とは関係ない。
存在そのものに価値があるのだ。

40
自分のミスはすべて許す

私たちは自分の犯したミスを、なぜそれほどまでに深刻に受け止めるのだろうか。その理由は、私たちが自分を責める癖を持っているからだ。防ぎようのなかったことや自分には何ら責任のない問題に対してまでも自分を責める人は、ものすごく多い。

なるほど私たちがミスを犯すのは事実だ。しかし、それがどうしたというのだろう。人はだれしもミスを犯すものだ。それなのに、なぜそんなに自分を責める必要があるのだろう。

非の打ちようのないほど完璧に何事も成し遂げる人などこの世の中にひとりもいない。また、判断の根拠となる知識をすべて持ち合わせることも不可能だ。だったら、ミスを犯すことはやむをえないではないか。

「理解することは許すこと」

これは名言だ。自分がなぜミスを犯したかが本当に理解できれば、もう自分を責める必要はない。あなたはその時点での知識に基づいて、できるかぎり最善の決断をしてきた。

それが理解できれば十分だ。

うまくいく考え方　その40

わざと犯したわけではないのだから、自分のミスはすべて許す。それが賢明な生き方だ。

自分の人生を生きる

41 どんな出来事も、いいほうに解釈する

私たちは成長する過程で、自分が置かれている状況にとって、何がプラスで何がマイナスかを明確に意識するようになる。興味深いのは、異なる伝統を受け継ぐ家庭や文化の中で育ったために、社会的・道徳的に異なる価値観を持つ人は、同じ出来事に対してまったく正反対の受け止め方をするということである。

このことから、どのような物事もそれ自体はよくも悪くもなく中立だということがわかる。よく見えるもの、悪く見えるものも中にはあるが、それは私たちがそのような見方を選んでいるからにすぎない。

私たちはある種の出来事がマイナスの要素を含んでいたり不快だったりすると、その信念を裏づける根拠を探し求める。その反対に、プラスの要素を含んでいたり楽しかったり

すると、今度はその信念を裏づける根拠を探し求める。いずれの場合でも自分の信念が正しいことを裏づける「根拠」が見つかる。要するに、自分が探し求めているものはたいてい見つかるということなのだ。

自分がふだん不快に感じている状況に対して新鮮な解釈をすることが非常に重要なのは、まさにそういった理由による。自分が置かれている状況をプラスに解釈すれば、楽しい結果が得られる可能性が高くなる。もちろん、そうしたからといって不快な状況がなくなるわけではないが、不快な状況からでもプラスになるものが得られることがわかれば、不快な状況を受け入れやすくなるだろう。

うまくいく考え方　その41

出来事をプラスに解釈する習慣は、自分にとって常にプラスになる。

42 他人に対する悪い感情はさらりと忘れる

私たちは意見が衝突したり不当な扱いを受けたと感じたりすると、その原因をつくったと思われる人に悪い感情を抱く傾向があり、しかも、それは当然のことだと考える。けれども、悪い感情は、他のだれよりも自分にいちばん多くの害を与える。自分に不利益をこうむらせた相手を許さないという態度から生まれるすさまじいマイナスのエネルギーは、心と体に悪い影響を及ぼすのだ。さらに悪いことに、過去の不幸な出来事に固執することで、さらに多くの不快な経験を引き寄せてしまう。

衝突したことのある相手に対しては、やむをえない場合は別として、無理に友好的な態度をとる必要はない。しかし、忘れず許さずという態度を貫いていると、あなたは強さと柔軟性を失い、無力感にさいなまれ、自分で人生を積極的に切り開くどころか、被害者意識に取り憑かれることになってしまう。

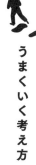

うまくいく考え方　その42

他人に悪い感情を抱くことは、他人以上に自分を害する。

43 問題の原因は自分にあることを認める

問題に直面したときには必ずこう自問してみよう。

「過去のどの時点で別の選択をしていれば、この問題を回避できたか？」

これは言い換えると、「この問題を回避するには、どうすればよかったか？」ということである。

この練習は罪悪感を持つためにするのではない。これから起こりうる多くの問題を防ぐ力が自分にあるということに気づくためにするのだ。問題をさかのぼって追跡することによって、もし別の行動をとっていたら多くの不快な状況を避けるチャンスがいくらでもあったことを発見するだろう。

苦しみの原因は自分の外から来ると考える習慣のある人にとって、こういう考え方は受け入れにくいかもしれない。しかし、自分に原因があることを進んで認められるようになれば、問題に頭を悩ませることは減るだろう。

うまくいく考え方　その43

自分の問題を解決するのに
いちばん適している人物は自分自身だ。

44 自分の思いどおりに生きる

他人にとって何がいちばんいいかを、当の本人よりよく知っていると信じ込んでいる人がいる。こういう人は自分のほうが頭がよく道徳的で、自分の価値観が他人の価値観よりも優れていると確信している。

こういう人は自分の考え方に他人がどれだけ迷惑していようと気にかけない。また、他人の人権を踏みにじっていても気がつかない。こういう人が唯一関心を持っていることは、自分の考え方を他人に押しつけることでしかないのだ。

こういう人はものすごい利己主義のために、たいへん重要な事実を見落としている。それは、すべての人は、「自分の思いどおりに生きる」という他人の権利を犯さないかぎり、自分の思いどおりに生きる権利がある、ということである。他人の権利を犯しさえしなければ、何をしようとそれは個人の自由なのだ。

他人に生き方を教える権利があると信じている人がひどい思い違いをしていることはもう明らかだろう。もしあなたがこういう人の言うとおりになっているとしたら、あなたはさらにひどい思い違いをしていることになる。

うまくいく考え方　その44

思いどおりに生きるという他人の権利を犯さないかぎり、
自分にも同じ権利がある。

45 自分に頼る

他人に頼る以外に道がないことも、ときにはあるかもしれないが、いちばん頼りになる存在は何といっても自分だ。自分でできることを他人にしてもらっていると、いつまでたっても他人に依存したままになるだけでなく、自分が望んでいるよりも低いレベルで妥協しなければならなくなる。

興味深いことに、自分に頼る度合いを大きくすれば、よりよい人間関係が築ける。その理由は、自分のために他人が何をしてくれるだろうと期待するのではなく、他人をあるがままに自由に受け入れられるようになるからだ。

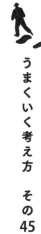

うまくいく考え方　その45

他人よりも自分に頼ることがいちばん賢い生き方だ。

46 自分の考えをすべて受け入れる

私たちは自分の考えのいくつかを悪いとかずるいと感じ、恥ずかしくなって萎縮（いしゅく）してしまうことがある。あるいは、そんなことを考えている自分を意地が悪い、不親切、ひねくれているなどと考えて罪悪感を持ってしまう。

まるで二重人格者のように「自分はなんてひどいことを考えているのだ」と自分に問いかけ、一線を越えそうになる悪い自分を、いい自分が必死に抑えているのだ。

しかし、自分が抱いている考えのことで自分を責めてはいけない。あなたが考えていることは、すべて正当なのだ。なぜなら、周囲の環境や人生経験などのさまざまな要素が組みあわさって、自分なりの考えが心の中にたくさん浮かんでくるからである。

だからといって、それらの考えをすべて行動に移していいということにはならない。もしそんなことをしたら、たいへんな問題を引き起こしかねない。ここで私が言っているのは、心の中でどんな考えを抱き、それがどんなにひどい内容だと感じても、自分を責める必要はないということだ。

実際のところ、だれしも心の中に何らかの醜い考えを抱いているものだ。不幸なことに、多くの人は自分の心の中で生まれた考えを捨て去ろうと努力する。しかし、自分の一部を否定することは賢明なことではない。あるものをないと思い込もうとしても、それは消え去らないからだ。

いちばん賢明な対応策は、自分の考えは自分の考えであることを認め、静かにそれを受け入れ、自分を洗い清めることである。

うまくいく考え方　その46

自分が心に抱いているすべての考えは、自分の重要な一部分として受け入れる。

47 他人を批判しない

他人のことを批判的に考えたり話したりすることは少し楽しいし、一時的に優越感に浸れる。しかし、これは危険な娯楽である。というのは、不平・不満と同様、他人のあら探しはすぐに習慣になってしまい、その不快さゆえに友人を遠ざけ、敵をつくる原因になるからだ。

他人のあら探しをすることのいちばん危険な点は、それがどんどんエスカレートしていくことだ。そして、絶えず犠牲者を探し回り、標的となる人がいなくなると、自分をも犠牲者にすることになる。その結果、初めは他人に対して厳しいことを言っていたのが、やがて自分にも厳しい判断を下すようになり、ついに自分が自分の最大の敵になってしまうのだ。

うまくいく考え方　その47

他人のことを好意的に考え、好意的な発言をすることでいちばん得をするのは自分だ。

48 自分の人生に起こることすべてに責任をとる

物事が自分の思いどおりにいかないとき、それを運命や神様、あるいは他人の責任にしてはいけない。自分の身にふりかかる出来事のほとんどは、自分のとった行動、または行動しなかったことに原因があるのだ。このことに気づけば、あなたの人生と人間関係は大きく好転するはずだ。

これは、自分がかなりの責任を負う必要があるから、たいへんなことのように思えるかもしれない。しかし、いったんこの事実を受け入れれば、今まで想像していた以上に、自分の人生を自由に自分で創造できることに気づくはずだ。

うまくいく考え方　その48

自分の人生に責任を持てば、
自分の人生をより自由に創造できる。

49 他人の反応を気にしない

ほとんどの人は子どものころ、自分には他人の気持ちを傷つける力があると教えられた。実際、自分の言動が原因で他人が気分を害することもときどきあったので、この教えが正しいと思うようになった。以来、私たちはこの思い違いのためにずっと過ちを繰り返してきたようである。

自分の言動に対して他人が気を悪くすることがあるのは事実である。しかし、それはその人の習慣であったり癖だったりするだけかもしれない。もし自分の言動に他人が気を悪くする力があるなら、周囲の人全員が気を悪くしなければならないはずだが、そんなことにはならない。

意図的に他人を怒らせたり不愉快な思いをさせたりするのでないかぎり、その人の反応に責任を負う義務はない。自分の感情に責任を負うだけでも十分たいへんなことなのだから、他人の感情に対してまで不要な重荷を背負う必要はない。

うまくいく考え方　その49

自分の感情は自分の責任。
他人の感情は他人の責任。

50 自分の望む人生を歩む

私たちは知らず知らずのうちに他人の期待の犠牲になり、自分にとって気が進まないことをするために多くの時間を費やしている。私たちはあまりに忙しいと感性が鈍り、自分が置かれている状況に疑問すら抱かずに日常に流されがちだ。

これからの一カ月間、毎週三十分くらい割いて自分の人生をじっくり見つめ直し、次の点について自分に問いかけてみよう。

自分は今の仕事を本当に楽しんでいるか？　他人からいちばん向いていると言われた仕事をしているだけではないか？

心から楽しいと思えることをして余暇を有意義に過ごしているか？　退屈でうんざりするようなことをしてはいないか？

今の生き方は自分が選んだのか？　他人に選んでもらったのか？

金銭的な事情をはじめとして、いろいろなしがらみがあるために、自分が選んだ生き方を完全に一生貫き通せる人はほとんどいない。しかし、あなたがもし自分は他人が決めた生き方をしていると感じるのなら、そろそろ自分の夢を追い求める時期に来ているのではないだろうか。

うまくいく考え方　その50

他人から期待されている人生ではなく、自分が望む人生を歩むことが大切だ。

第2部
よりよい考え方を選ぶ

視点を変えてみる

51 自分が重要な存在だと思う

あなたはこの世の中で、自分が重要でない仕事をし、重要でない生活を送っている、重要でない人間だと感じたことはないだろうか？　政府が国民を名前ではなく番号で登録するような時代だ。そう考えてしまうのも無理はない。

しかし、あなたのこの世の中への貢献はたいへん重要だ。たとえば、あなたは食事をするたびに多くの人に仕事を提供している。農作業に従事する人たち、農産物を加工する人たち、食品を小売店まで運搬する人たち、小売店で食品の販売を担当する人たち。このように、あなたは食事をするだけでも多くの人の生活に貢献しているのである。その他の日々の活動も、すべて他の人たちの生活に価値を創造している。さらに、あなたが他の人たちの仕事の恩恵を受けているのと同じように、他の人たちもあなたの仕事の恩恵を受けているのだ。

あなたは社会から切り離されて生きているのではない。あなたの行動は周囲の人たちだけに影響を及ぼしているのではないからだ。たとえ自分では気づいていなくても、あなたの行動はあらゆるところに影響を及ぼしている。

ごく一部の人だけが重要な存在だ、とあなたは思っているかもしれない。しかし、それは違う。あなただって重要な存在なのだ！

あなたのすべての行動の影響はどんどん広がって、やがて地球上のすべての人と物に影響を与えるかもしれない。あなたはそれくらい重要な存在なのだ。重要でない仕事や生活はないし、重要でない人はこの世に一人もいない。

うまくいく考え方　その51

私はこの世の中で重要な仕事をし、重要な生活を送っている、重要な存在だ。

52 感謝の言葉やほめ言葉はすぐに口にする

残念なことに、私たちは「いつかいいタイミングが訪れるだろう」と考えて、感謝の気持ちを伝えるのを先延ばしにする傾向がある。しかし、それはよくない。感謝の気持ちをすぐに伝える習慣を今日から身につけよう。

自分がどれだけ感謝しているかを、大切な人に伝えよう。誰かが支えてくれたり親切にしてくれたりしたら、その人に感謝の気持ちを伝えよう。その気持ちを心の中に秘めていてはいけない。あなたが感謝の気持ちを伝えれば、相手だけでなくあなた自身もいい気分になるはずだ。

感謝の気持ちだけではない。誰かがいい仕事をしたときは、それを本人に知らせよう。何かが得意な人はそれを自覚しているはずだから今さらほめたところで意味がない、とあなたは思っているかもしれない。しかし、能力、技術、熟達度に関係なく、どんな人でも「いい仕事をしましたね」と言われるのが好きなのだ。人々は自分の価値を認められれば、すでに名人の域に達している人でも、「よし、もっとがんばろう」という気持ちになるものだ。

人をほめることについて大切なことを書いておこう。
＊ほめ言葉は、いつでもどこでも口にすることができる無限の資源である。
＊相手に感謝の気持ちを表現することで、自分が寛大な気持ちになれる。
＊自分が評価されていることを知っていても、それを誰かから言われることで向上心をさらにかき立てられる。
最後にひとこと。ほめ言葉は誠実なものでなければならない。不誠実なほめ言葉はすぐに見抜かれる。

うまくいく考え方　その52

感謝の言葉や誠実なほめ言葉は、
相手だけでなく自分も前向きな気分にする。

53 今、幸せだと気づいている

私たちは現在の幸せを楽しもうとせず、なんらかの出来事が起こるまで幸せになるのを延期する傾向がある。たとえばこんな具合だ。

「私は……を得れば幸せになれる」

「私は……を成し遂げれば幸せになれる」

「私は……という状況になれば幸せになれる」

言い換えれば、新しい仕事や家、パートナー、車、学位、地位、人間関係などを手に入れることを条件に、自分の幸せを決めているのだ。しかし、こういう姿勢では、あまりうまくいかない。それは次のふたつの理由による。

*目標が達成できなかったらどうなるか？　その目標をあきらめるか、新しい目標を設

定するまで、あなたはずっと不幸なままだ。

＊目標が非現実的ならどうなるか？　一部の人は現実離れした期待を抱き、事実ではなく希望的観測に基づく素晴らしいシナリオを創造する。しかし、そのシナリオはあまりにも非現実的なために実現せず、失望する。

そもそも、なぜ待つ必要があるのだろうか？　今、幸せを楽しむことを妨げている要因は何なのか？　それは、あなた自身の心の持ち方なのだ！　目標の達成を幸せの基準にするのではなく、「目標が達成できれば幸せだが、その実現に向かって励んでいる今も幸せだ」と考えよう。

うまくいく考え方　その53

幸せになるのを未来まで待つ必要はない。今、すでに幸せなのだ。

54 非現実的な期待を持たない

あなたがこれまでの人生で何度も失望した経験があるとしたら、非現実的な期待を抱いていたせいかもしれない。

非現実的な期待を抱くようになる原因は、小説や映画、ドラマ、流行歌、広告などだ。いったん非現実的な期待を抱くと、それが現実になるのをひたすら待つようになる。だが、夢が自動的に実現するのを待っている間に、本当の人生を取り逃がしてしまい、長い年月が過ぎ去っていることがよくある。

非現実的な期待を持てば持つほど、不幸になりやすい。さらにひどいことに、被害者意識を持ちやすい。といっても、自分で自分を被害者にしてしまっているだけなのだが。

二種類の期待を区別するために、次の等式を心に刻んでおこう。

＊非現実的な期待　アイデア　＋　希望的観測　＝　失望

＊現実的な期待　アイデア　＋　適切な行動　＝　望んでいた結果

いいことが起こるのを期待してはいけないのだろうか？　もちろんそんなことはない。しかし、たんに期待するだけではなく、適切な行動が必要になる。人生を改善したいなら、常に行動を起こし、努力してそれを最後までやり遂げなければならないのだ。

非現実的な期待はデザートに似ている。少しだけなら楽しめるが、多すぎると気分が悪くなる。

うまくいく考え方　その54

適切な行動を起こして最後までやり遂げれば、望んでいた結果を手に入れることができる。

55 自己中心的な人から遠ざかる

いつも誰かの世話になっておきながら、いっさいお返しをしないで平気でいる人がいる。これは明らかに一方的な関係だ。あなたも不快な思いを何度かしたことがあるかもしれない。そんな人が「自分はひどく不公平なことをしてきた」と反省して頼みごとをしなくなる可能性は、まずないと考えていい。

こういう人が今度またあなたに頼みごとをしてきたときは、どう対応すべきだろうか？

答えは簡単、はっきり「ノー」と言えばいいのだ。詳しい理由を求められたら、単刀直入に「私が助けを必要としているときに、あなたは助けてくれないからです」と言えばいい。

うまくいく考え方　その55

苦痛を感じてまで、他の人に一方的に与える義務はない。

56 いい人をやめる

こんな寓話がある。ある日、クモがハエに向かって「私の部屋に遊びにおいで」と誘った。クモはとても友好的に見えたが、その目的は、いっしょに楽しい時間を過ごすことではなく、ハエを食べることだったのだ。

あなたに頼みごとをしてくる人たちは、もしかするとこのクモに似ているかもしれない。彼らはあなたの弱みにつけこんで頼みごとを引き受けさせようとする。あなたの虚栄心やプライドをくすぐるのも常套手段だ。彼らは説得力に富んでいるから、あなたにしてみれば、どの頼みごとを聞き入れ、どの頼みごとを断るべきかわからなくなってしまう。

相手を助けるべきかどうかを決める最も合理的な基準は何か？　それは次のようなものだ。

*頼まれたことが本当に重要なら助ける。

*相手が自分だけではできないのなら助ける。

*自分で問題をつくり出した人には、自分で解決させる。

*あなたを助けてくれたことのある人には、きっちりお返しをする。

うまくいく考え方　その56

頼まれたことをなんでも引き受けない。

57 断るべきときは断る

頼みごとをしてくる人を助けてはいけないのは、次のような場合だ。

＊理不尽な要求である場合
＊あなたにその気がない場合
＊あなたの信条に反する場合
＊あなたに不都合が生じる場合
＊相手が自分でできることを頼んできた場合
＊お返しをすることができるのに、相手にその気がない場合

今まで相手の頼みごとを聞き入れてきたなら、急に断るのはむずかしいかもしれない。しかし、その壁は乗り越えることができる。「ノー」と言う機会が増えれば増えるほど、

楽に断れるようになるからだ。

あなたが頼みごとを断ると、今まであなたを利用してきた人たちは、驚いたり腹を立てたりするかもしれない。しかし、彼らが何と言おうと、あなたの友人ではないのは確かだ。

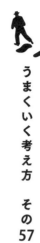

うまくいく考え方　その57

自分を利用しようとする人には、
きっぱり「ノー」と言えばいい。

58 情報を鵜呑みにしない

情報をむやみに信じてはいけない。とくにこんな思い込みには要注意だ。

「権威者がそう言っている」

権威者が真理を把握しているとはかぎらないし、権威者の間でも意見はよく食い違う。権威者の理論はころころ替わる。権威者の主張には「もしかしたら本当かもしれない」くらいに考えればいい。

「それを新聞で読んだ、テレビで見た、ラジオで聞いた」

マスコミの情報の大きな問題は、間違っていることがよくあるということだ。マスコミは事実に基づいて報道しようとはするが、報道内容が正確であるとはかぎらない。マスコミの情報については「疑わしい」と考えるといい。

「信頼する人が、そう言っている」

いくら尊敬に値する人でも、真理を把握しているかどうかは別問題だ。人間である以上、自分の信念に反する考え方を受け入れられなくなっていることがある。そういう人の意見については「根拠はあるだろうか？」と考えてみよう。

言われたことを鵜呑みにするのは愚かな態度である。あなたにとって最善の方法は、広い視野でものを見ることだ。真理かどうかを判断するのは急がなくていい。疑わしい情報に基づいて行動するのは避けたほうが賢明だ。

うまくいく考え方　その58

真理かどうかがはっきりするまでは、情報を軽はずみに信じてはいけない。

59 「いい」「悪い」という判断をしない

私たちはとかく、出来事や状況、他の人たちを「いい」か「悪い」かのどちらかに振り分けようとする傾向がある。だが、それらは本来、どちらでもない。自分の解釈を適用するから、「いい」とか「悪い」とか思えてくるだけなのだ。

「一〇〇パーセントいい出来事」や「一〇〇パーセント悪い出来事」は存在するだろうか？

次の例を見れば、それが視点の問題にすぎないことがわかる。

《状況1》学校の先生が不足している。

「悪い」と思うのは……教育熱心な親「子どもが十分な教育を受けられない」

「いい」と思うのは……教職を目指す学生「採用数が増えて就職しやすい」

《状況2》売り上げが大幅に伸びた。

「悪い」と思うのは……ネガティブな経営者「税金をたくさん払わされる」

「いい」と思うのは……ポジティブな経営者「去年より収入が増えた」


以上のように、ある人にとって悪いことは、別の人にとってはいいことなのだ。人生の出来事に関する真理を紹介しよう。

＊誰の利益にもならないほど悪い出来事や状況は存在しない。
＊すべての人の利益になるほどいい出来事や状況は存在しない。
＊どの視点から見るかで、どんな出来事にもいい面と悪い面がある。

うまくいく考え方　その59

出来事は視点によって価値が変わるから、どうせなら「悪い」でなく「いい」と考える。

60 前向きに考える

私たちは人生と自分についての信念のほとんどを、幼少期の条件づけによって身につける。条件づけとは、ある考え方をひんぱんに繰り返して自分の思考回路に組み込むことである。いわば、私たちはその考え方を「心の銀行口座」に預け入れ、そこから引き出しているようなものだ。

条件づけの結果、私たちは物事をあるがままに見ることができなくなり、教えられたとおりに解釈するようになる。条件づけは人によって大きく違うから、同じ物事に対してポジティブに解釈する人もいれば、ネガティブに解釈する人もいるし、どちらでもない人もいる。過去の条件づけに関係なく、物事はできるだけポジティブに解釈するほうが得だ。そうすれば前向きな気持ちになれるからだ。

今日は、心の銀行口座を新規開設し、ポジティブな預け入れによってポジティブな条件づけを始める最初の日だ。いくつかの提案をしよう。

＊やる気が出るようなことが書かれた本を読む。

＊ポジティブな人とつき合い、ネガティブな人を避ける。

＊自尊心を高めて、自分がもっと幸せになっていいと認識する。

＊改善しようとする場合は除き、人生のネガティブな側面について考えない。

あなたにはふたつの選択肢がある。自分が選ぶ思考の種類に応じて、人生を快適にするか、不快にするか、だ。自分の人生のネガティブな側面ばかりに目を向けてはいけない。物事がどれほど悪いように見えても、ポジティブな側面を必ず見つけることができる。

うまくいく考え方　その60

どんな困難な状況でも、ポジティブな側面がきっと見つかる。

自分と出会う
人と出会う

61 自分の長所に目を向ける

あなたは自分の長所より短所について考えがちではないだろうか？　自分ともっと仲よくしたいなら、役に立つ方法を紹介しよう。

ノートと鉛筆を用意して、「自分のポジティブな資質と行動」というリストをつくるのだ。左側のページに今日した「いいこと」を十個書いて、右側のページにそれに対する評価を書く。目立った行動である必要はない。ちょっとした行動でいい。たとえば、友人や同僚に親切にしたら、自分を「親切」と評価する。あるいは、賢明な決定をしたら「賢明」、あいさつをきちんとしたら「礼儀正しい」と書く。

このリストを枕元に置いて、毎晩、それに新しいことを記入する。翌朝、目が覚めたら、前日に書いたことを読み返してみよう。

自分のポジティブな資質と行動を評価することによって、あなたは自分を見直すことができる。自分についてあまりよく感じていなくても、その感情が妥当ではないことに気づくはずだ。

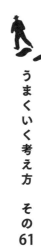

うまくいく考え方　その61

自分は毎日、何かポジティブなことをしている。

62
現在に意識を向ける

ほとんどの人にとって、心とは、過去と未来の間を絶えず往復する振り子のようなものだ。自分の思考内容を調べれば、過去と未来についてはは多くの時間を割いて考えるのに、現在についてはほんのわずかな時間しか割いていないことに気づくだろう。

残念ながら、私たちはひんぱんに「タイムトラベル」をするあまり、現在の幸せを忘れている。未来のことを想像するのと過去のことを回想するのに忙殺されて、現在でしか手に入らない本当の幸せを見失っているのだ。

心を現在につなぎとめておくことは可能だろうか？　簡単なようだが、実行するのはかなりむずかしい。現在を意識することを心がければ、それぞれの瞬間は独自の美しさを持っていることに気づくはずだ。見るもの、聞くもの、感じるもの、触れるもの、すべてそうだ。

もちろん、将来の計画を立てるのはまったく問題ない。計画は目標の達成に必要だからだ。問題なのは、現在の幸せをつかみそこなってまで過去や未来の楽しみにふけることだ。

うまくいく考え方　その62

過去や未来の楽しみにふけるより、
現在の幸せを感じるほうを選ぶ。

63 人との出会いを楽しむ

内気な人は、愉快な人たちと出会う楽しみを逃してしまいがちだ。彼らは人と会うことに不安を感じるので、見知らぬ人といっしょにいるとリラックスできず、居心地が悪くなる。内気な人に共通する理由は次のとおりだ。

- 相手に認めてもらえないことを恐れている。認めてもらえるかどうかを気にしすぎるために、自分の話題になると恥をかくのではないかと思っている。
- 自分に自信がない。話をすると自分の欠点が露呈することを恐れている。愚か者だと思われるのが怖いために会話をしようとしない。
- 自意識過剰になっている。内気な人は自分のことを気にしすぎる傾向がある。相手のことを考えるときでも、自分がどう思われているかが気になる。

内気な性格を克服するには次の三つの対策が役に立つ。

＊自尊心を高める。自分に自信を持てば、相手が認めてくれないことを恐れる気持ちは消える。

＊相手の緊張をほぐす。あなたより相手のほうが恐れている可能性もある。落ち着いているように見える人は、演技がうまいだけかもしれない。

＊自分のことを気にしすぎない。相手にどう思われるかよりも、自分が相手のことをどう思うかを自問しよう。

うまくいく考え方　その63

自分のことばかり考えなければ、愉快な人と楽しいひとときを過ごすことができる。

64 自分の個性を受け入れる

あなたは自分が世の中から「浮いている」と感じたことはないだろうか？　しかし、そう感じても別にあわてる必要はない。なぜなら、あなたは他の誰とも異なっていて当然だからだ。

あなたは、遺伝・経験・条件づけの独特な組み合わせによってできている。その組み合わせは指紋のようなもので、きわめてオリジナルだ。あなたと多くの点で似ている人はいるかもしれないが、あなたとまったく同じ人はいない。

あなたはそれほど他の人と違うのだから、あなたを完全に理解する人がいなくても不思議ではない。あなたの思考と行動は、あなたをよく知っている人にとっても常に謎である。（ときにはあなた自身にとっても謎かもしれない。）

あなたはこの地球上で個性的な存在だ。あなたは個性を発揮して、独特な影響を世界の人々に与えている。自分では気づいていなくても、あなたは世の中に対して他の誰とも異なる独自の貢献をしているのだ。

ただし、あなたが個性的な存在だからといって、他の人より優れているとか劣っているということではない。地球上のすべての人が個性的な存在なのだ。

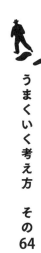

うまくいく考え方　その64

私はこの地球上に一人しかいない個性的な存在だ。

65 嫌な人とうまくつき合う

仕事などでやむをえず嫌な人とつき合わなければならないときがある。そういう人と多くの時間を共に過ごさなければならないのは腹が立つことかもしれない。

しかし、次のように考えれば、嫌な人とつき合うことの悪影響を減らすことができる。
＊どれほど嫌な人でも素晴らしい技能と特徴を持っている。
＊どんなに嫌な人だと思っても、その人のポジティブな特徴に気づけば、それほど嫌な人だとは思えなくなる。
＊誠意のこもったほめ言葉をかければ、相手のあなたに対する態度は改善され、その結果、あなたの相手に対する態度も改善される。
嫌な人とつき合うのが苦手なら、その人の長所に気づいてそれをほめる習慣を身につけ

ようう。相手の長所をたくさん発見すればするほど、相手をポジティブに見ることがたやすくなる。相手の長所に注目すれば、相手はあなたの好意を感じ、徐々に心を開いてくれるはずだ。

うまくいく考え方　その65

嫌な人でも長所に目を向ければ、だんだん嫌でなくなっていく。

66 ものおじせずに質問する

あなたは、多くの人の中で自分だけが物事を理解していないと感じたことはないだろうか？　正直な人なら、「ある」と答えるはずだ。その原因は、あなたが愚かだからだろうか？　もちろんそうではない。

ものおじせずに質問しよう。学校の授業や会社の研修などで、多くの人は無知だと思われるのを恐れて質問しようとしない。しかし、わからないときに謙虚な姿勢で質問をすると、どういうことが起こるだろうか？　学生なら学校の成績が伸びるし、社会人なら仕事の技能が向上する。さらに、ほとんどの人と幸せな人間関係を築くことも可能になる。

そう考えれば、質問しないほうがむしろ愚かだと思えてくるはずだ。

うまくいく考え方　その66

質問するのは決して恥ずかしいことではない。

67 いい人間関係を楽しむ

いい人間関係は、次の条件のほとんどを満たしている。

●同じ目標に向かって努力している。
●等しく貢献し、等しく恩恵を受けている。
●同じルールに従っている。
●お互いを信頼し尊敬し合っている。
●倫理や信条に反することを強要されない。
●自由にその人間関係から離れることができる。

いっぽう、避けるべき人間関係の特徴は次のとおりだ。

- ●お互いに目標が異なる。
- ●貢献に見合うだけの恩恵を受けていない。
- ●どちらかがルール違反をしている。
- ●相手を尊敬せず、十分に信頼していない。
- ●相手を喜ばせるために自分の行動規範を変えなければならない。
- ●報復が怖くて人間関係から抜け出せない。

いい人間関係は、お互いに建設的な批判をして絶えず調整する必要がある。

うまくいく考え方　その67

お互いが恩恵を受けることのできる人間関係をつくる。

68

友人を慎重に選ぶ

いい人間関係の基準は、友人関係にもあてはまる。しかし、友人関係は、他の多くの人間関係にはあまり要求されない側面を持っている。

具体的に説明すると、友人とは次のような人だ。

- ●あなたをあるがままに受け入れてくれる人
- ●正直で誠実で信頼できる人
- ●あなたを励まし、必要なときに精神的に支えてくれる人
- ●あなたの価値を認めてくれる人
- ●あなたを尊敬してくれる人

いっぽう、友人として好ましくないのは次のような人だ。

- ●あなたにうそをつく人、自分のためにうそをついてほしいと頼む人
- ●あなたをいじめる人
- ●自分が間違っているときでも支援を求める人
- ●あなたをトラブルに巻き込む人

友人関係が最も長続きするのは、似た環境に育ち、共通の価値観や信念を持ち、同じ活動を楽しむ場合だ。共通点が大きければ大きいほど、友情のきずなは固くなる。成功を分かち合う親友がいれば、成功をさらに楽しむことができる。

うまくいく考え方　その68

いい友人をつくれば、
成功を分かち合ってさらに楽しむことができる。

ポジティブに考える

69 心の持ち方を変える

人生がうまくいっていないように思える時期は誰にでもある。しかし、あまりにもひんぱんにそういう経験をするなら、心の持ち方を調べる必要がある。

思考の質は人生の質に影響を及ぼす。心について知っておくべき重要な事実を紹介しよう。

●あなたの心は、特定の方法で考えるようプログラムされている。心はコンピュータのようなものだ。たとえ気づいていなくても、あなたに最も強い影響を与えた人たちは、あなたの幼少期にプログラムを開始した。その結果、あなたは教え込まれた考え方を吸収したのだ。

●あなたの心は、従来どおりに考える傾向がある。同じように考え続けると、脳の中に一定の思考回路ができ、今後もそれに沿って考えるようになる。その結果、ネガティブな人はずっとネガティブなままで、さらに不平を抱くことになる。いっぽう、ポジティブな人は、状況が悪化しても人生のいい面を見る。

●あなたの心は、プログラムし直すことができる。たとえ不正確なことでも、何度も繰り返し教えられた考え方を信じるようになるが、心をポジティブにプログラムし直せば、人生の多くの面を改善できる。

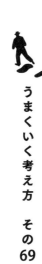

うまくいく考え方　その69

心をプログラムし直せば、人生の多くの面を改善できる。

70

さらにポジティブになる

あなたはさらにポジティブになることができる。そのためのアイデアをいくつか紹介しよう。

＊現状に悪い面があっても、いい面を探す。
＊自分の人生にプラスになる考え方を取り入れる。
＊ポジティブな考え方を提唱している本を読む習慣を身につける。
＊自分についてネガティブに考えるのをやめてポジティブに考える。
＊ネガティブな人をできるだけ避けて、ポジティブな人とつき合う。

以上のことを心がければ、あなたの思考は改善され、それに伴って人生も改善されるはずだ。

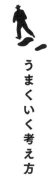

うまくいく考え方　その70

思考を改善すれば人生も改善できる。

71 自尊心を高める

自尊心が低いのは考え方が原因である。それは、自尊心が高い場合でも同じことだ。自尊心がどのように形成されるかを説明しよう。

あなたを子どものころに世話した人たちは、この世界への最初の案内役だった。彼らの影響は大きく、あなたは彼らの言葉をそのまま受け入れた。

彼らはあなたの自尊心を形成した。彼らが「お前はつまらない人間だ」と言ったとき、あなたはそれを受け入れたのだ。彼らのあなたに対する行動は、あなたの自分に対する考え方にさらに影響を与えた。

結局、あなたの自分に対する信念はあなた自身の信念ではなく、あなたに最も強く影響を与えた周囲の人たちの信念を反映したものにすぎないのだ。

幸い、あなたが望むなら、自尊心を高めることができる。自尊心に関する良書はたくさんある。あなたの自尊心が向上すれば、人生全体がたいへんポジティブな影響を受けるはずだ。

うまくいく考え方　その71

幼少期に植えつけられたネガティブな考え方は捨てて、自分の価値を信じる。

72 バカにされても相手にしない

なぜ相手をバカにするようなことを言う人がいるのだろうか？　それには多くの理由があるが、どれをとっても健全な理由ではない。

●相手が不愉快な思いをしているのをおもしろがる。
●自分と違っている人をバカにすることで優越感に浸る。
●精神的苦痛を相手に与えれば、自分の苦痛が減るような気がする。
●自分がバカにされるのを避けるために、人々の注意をそらそうとする。
●自分がバカにされると深く傷つくが、相手は自分ほどには精神的苦痛を感じないと思っている。

幸せで充実した人生を送っている人は、誰にも苦痛を味わわせる必要性を感じない。こういう「必要性」を感じる人は、自分の不適切な行動の原因が未熟さと不幸にあることに早く気づいて反省してほしいものだ。

バカにされるのはつらいことだから、あなたは自分を被害者だと考えるかもしれない。しかし、人々が他の人をバカにするのは、自分の情緒的な問題を覆い隠すためだということを理解しよう。

バカにされたとき、あなたはどう対応すべきだろうか？　言い返したくなる気持ちもわからなくはないが、自分も冗談に加わってほほ笑むくらいの余裕を見せるほうがはるかに効果的だ。

うまくいく考え方　その72

相手をバカにする人に対しては、言い返さずにほほ笑めばいい。

73
異文化に興味を持つ

たとえあなたが出不精でも、本や映画、ビデオ、CD、DVD、インターネットなどを通じて世界中どこへでも「行く」ことができる。

ずっと行きたいと思っていた国への旅行を計画し、子どものころにあこがれていた場所を「訪問」しよう。その国の言葉と習慣を学ぼう。実際にそこに行くつもりで現地の事情を詳しく調べよう。現地の音楽を聴き、伝統的な踊りを知り、歴史遺産や代表的な宗教について研究しよう。

異文化を学ぶことほど知的好奇心を刺激する楽しい経験はあまりない。そうすることで知識が増えるだけでなく、話題が豊富になる。さらに、奇妙なことのように思えるかもしれないが、世界を知ることによって人生観が深みを増し、自分をよりよく理解できるようになるのだ。

世界の人々がどのように暮らしているかを学べば、より客観的に自国を見ることができるようになる。その結果、自国の文化に対する認識がそれまでとはまったく違ったものになるはずだ。

うまくいく考え方　その73

異文化を学べば、自分のことをもっと理解できるようになる。

74 心の中に静かな場所を見つける

現代人はテンポの速い世の中に生きている。人々はあわただしく移動し、多くの課題に忙殺されながら日々を過ごしている。そしてしばしば不安や心配に悩まされる。過密スケジュールの中で安らぎを見いだせず、精神的に疲れ果て、フラストレーションがたまり、ストレスを抱え込むのは、驚くべきことではない。テレビを見たり本や雑誌を読んだりしても、事態は改善されるどころか悪化することすらある。

安らぎを見いだすにはどうすればいいのだろうか？　心の落ち着きを取り戻せる「静かな場所」を見つければいいのだ。それはあなたの心の中に存在する。まだ見つかっていないなら、今まで内面を見つめたことがなかったからだろう。

その場所を見つけるのは簡単だ。リラックスして椅子に座り、目を閉じよう。複雑なテクニックはいらない。集中する必要すらない。

思考が心の中にふと浮かんできたときは、それに耳を傾け、消えるのを待とう。切迫した用件がないなら、時間を気にしてはいけない。

静かな場所にアクセスすることに慣れたら、いつでもどこでもそこに「行く」ことができるようになる。

一度試してみれば、人生の難題を解決するのに必要な心の平静を得る素晴らしい方法であることがわかるはずだ。

うまくいく考え方　その74

いつでもどこでも、心の中の静かな場所に行けば、答えは必ず見つかる。

75 長期的な目標を立てる

目標は私たちを目的地まで案内してくれる。目標を達成するには、次の三つのステップが必要になる。

1 達成したいことを決める。
2 それを達成するために必要なことを決める。
3 それを実行する。

目標には二種類ある。短期的な目標と長期的な目標だ。資格を取得する、本を書く、家を買うといった長期的な目標は、短期的な目標よりはるかに多くの計画と努力と時間を必要とする。

長期的な目標を持たずに生きるとは、どういうことだろうか？ その日暮らしで、綿密な計画とは無縁の人生を送ることだ。経済的安定はほとんど得られないし、自分が必要としているものや欲しいものが手に入りにくい。行動は環境に左右されるために、人生はほとんど予測不可能なものになる。

長期的な目標を持って生きるとは、どういうことだろうか？　しっかりした人生設計ができ、自分の欲しいものを手に入れやすくなり、その目標に向かって仕事をし、それを達成することで人間的に成長するということだ。

長期的な目標をもとに人生を設計するか、その日暮らしの人生を甘んじて受けるか。どちらを選ぶかは、あなた次第だ。

うまくいく考え方　その75

長期的な目標を持ち、それを達成することで、人間的に成長できる。

76

仕事に打ち込む

一部の人は職業の選択にたいへん成功している。実際、彼らは仕事で成果をあげている。いっぽう、他の人たちは仕事を不快な雑用のように考え、仕事になんの喜びも見いださない。

仕事で成功する秘訣は何だろうか？　最も重要なのは次の三つだ。

＊仕事に打ち込む。

＊仕事に必要な技能のひとつに習熟し、それができたら、さらにむずかしい技能に挑戦する。

＊仕事のあらゆる面をできるかぎりうまくおこなう。

もしあなたが以上のことをするなら、次の中の少なくともひとつのことが起こるだろう。

- 仕事が楽しくなる。
- より高い給料がもらえる責任のある地位に昇進する。
- 自分で事業を起こして経営者として成功する。

どんな仕事であれ、いい仕事をすれば満足感を得ることができる。仕事に必要な技能を習得するために時間を投資する人は、なんとかやっていくだけのことしか学ばない人を必ず上回る。

うまくいく考え方　その76

いい仕事をするために努力すれば、必ず成功できる。

77 自分に優しくする

誰でも、あとになって「しなければよかった」と悔やむようなことをしてしまうものだ。そんなとき、私たちは自分を責める。だが、それは適切な対応だろうか？　もっといい対応の仕方があるのではないだろうか？

あなたが理解すべきことは、自分の行動が遺伝・教育・条件づけの組み合わせによって決定されているということだ。あなたのしたことがうまくいかなくても、がっかりする必要はない。あなたがその行動を選んだ時点では、それが最善の決定のように思えたのだ。結果的にそうではなかったかもしれないが、そのときはそのように思えたのだから自分を許そう。

うまくいく考え方　その77

たとえ結果がよくなくても、
その時点では最善の決定をしたのだ。

78 耳の痛いことでも快く受け入れる

誰かから耳の痛いことを言われたとき、あなたはどう対応するだろうか？　攻撃されたと感じて身構えるか？　それとも、取るに足らない発言として軽視し、その内容に正当性がないと考えるか？

あなたが苦言にどう対応するかは、あなたが自分についてどう感じているかに大きく左右される。健全な自尊心を持っている人は、建設的な批判をされたときに感情的になることはめったにない。しかし、自尊心が不十分な人は、それを人身攻撃と考えたり、自分のいたらなさの証しだと思い込んだりする。自分のことが好きでない人ほど、苦言を快く受け入れることができない。

あなたのためを思って純粋な気持ちで建設的な批判をしてくれる人がいるのなら、それは幸せなことだ。そんなとき、あなたはどう対応すべきだろうか？

＊批判に耳を傾ける。相手の発言を、成長を促すための激励か自分を発見するための機会ととらえる。

＊身構えたり反論したりしない。冷静に意見を聞くことが大切だ。「あなたも人のことは言えない」と切り返して相手の欠点を指摘するのはよくない。

＊腹を立てない。プライドが少し傷ついたら、たくさんある自分の長所のひとつに目を向ける。

＊感謝する。的を射た指摘に対しては「言ってくれてありがとう」と相手にお礼を言うくらいの度量の広さが必要だ。

うまくいく考え方　その78

建設的な批判は人身攻撃とは違う。しっかり聞いて自分の向上に役立てる。

79

自分の判断を信頼する

周囲の人たちの批判に注意を払うべきだろうか？　相手の誠実な気持ちを感じるなら、そうすべきだ。周囲の人たちは、あなたのいくつかの側面を反映する鏡のようなものだ。しかし、歪んだ鏡も実際にある。そういう鏡は歪んだイメージしか映し出さない。

結局のところ、批判の正当性をよく考え、疑わしいと判断したときは自分の判断を信頼するのが得策だ。

うまくいく考え方　その79

批判には謙虚な気持ちで耳を傾けるが、疑わしいときは自分の判断を信頼する。

80 間違った信念は捨てる

私たちは自分の信念が根拠のある見解だと思いたがるが、はたして本当にそうだろうか？　私たちが信じていることの多くは、若くて影響を受けやすい時期に身についたものだ。さまざまな考え方を無批判に受け入れたために、間違った信念を抱いていることもある。

自分の信念は正しいように思えるかもしれないが、それは実際に正しいからではなく、ずっと慣れ親しんできたからにすぎない。もし「自分は間違った信念など抱いていない」と信じるなら、それ自体が間違った信念だ。

間違った信念に基づいて行動すると、多くのトラブルに巻き込まれ、最悪の事態を引き起こすおそれがある。あなたの信念が真理からかけ離れていればいるほど、あなたの行動は不合理なものになる。

　では、どんな信念を疑問視すればいいのだろうか？　それは次のような信念だ。

●他人に敵意を感じさせる信念

●他人より優れているという信念

●他人より劣っているという信念

　間違った信念を取り除くことは、自分を解放するプロセスだ。間違った考え方をひとつ取り除くたびに、人生はシンプルになり、得るものが多くなる。

　どれだけ長い間何かを信じてきたか、誰がそれを信じているか、誰からそれを学んだかに関係なく、どんな信念もしっかり検証しよう。

うまくいく考え方　その80

自分の信念を検証し、正しい信念を持つ。

ありのまま
自分を見る

81 自分を悪い人間だと思わない

あなたは自分を悪い人間だと思うことはないだろうか？　実際、多くの人にそういう傾向がある。主な理由は次の二つだ。

1「私は不用意な発言で人を傷つけることがある」
誰でも不用意な発言をしてしまうことがある。相手があなたの言動に否定的な反応をする可能性があることを念頭に置くことは大切だが、本人の感情をコントロールするのはその人自身であって、あなたではない。

2「私は間違いを犯した」

人間は間違いを犯しやすいから、愚かな振る舞いをすることは避けられない。間違いを犯したからといって悪い人間だというわけではない。

私たちは完全な洞察力を持って生まれてきたわけではない。成長し知恵を身につけて初めて、自分が過去にとった行動が不適切だったと気づくのだ。あなたは不完全な人間であるために間違いを犯してきたが、それは誰でも同じことだ。人は生きているかぎり、さらに多くの愚かな間違いを犯すことになる。

無知や経験不足が原因で間違いを犯したからといって、悪い人間だというわけではない。ただ、洞察を深める必要があるだけだ。

うまくいく考え方　その81

自分は間違いを犯すこともあるが、
そのたびに洞察を深めて人間的に成長している。

82

相手を大切にする

自分に対して、いい感情を持ちたいなら、次のことを心がけよう。

＊相手を軽んじない。

＊相手を意図的に傷つけない。

＊自分より弱い立場の相手をいじめない。

＊相手を自分と同じように大切にする。

＊相手も自分と同じように痛みを敏感に感じる人間だと考える。

うまくいく考え方　その82

相手を自分と同じように大切にすれば、
自分に対していい感情を持つことができる。

83 自分の怒りを理解する

私たちは、自分の怒りの原因が周囲の人や出来事にあると考えるが、実際はそうではない。周囲の人や出来事が自分の思いどおりになるべきだと思い込んで、自分を怒らせているだけなのだ。

怒りの根底には、三つの間違った信念がある。

●人生はうまくいかなければ困る。
●気に食わないことがあれば腹を立てるのは当然だ。
●嫌なことに耐えなければならないというのは不合理だ。

言い換えれば、私たちは世の中が従うべきルールを勝手につくっているのだ。その最たるものが、自分は嫌なことや人にはかかわりたくないという思いだ。人生は愉快であるべきなのに、世の中が協力してくれないから腹が立つという理屈である。

怒りは必ずしも悪いものではない。健全な怒りはむしろ必要だ。健全な怒りを感じることが、その状況を変えようとするきっかけになる。前向きな姿勢で取り組むなら問題はない。いっぽう、不健全な怒りの特徴は、感情を抑えることができず、憎しみや激怒、逆恨みとなって現れることだ。思考停止に陥って感情だけで行動すると、自分をコントロールできなくなる。

不健全な怒りは捨てたほうが得である。そのための最高の方法は、人生は必ずしも思いどおりにならないと悟ることだ。どうにもならないことに不平を言っても何の役にも立たない。

うまくいく考え方　その83

人生は思いどおりになるとはかぎらない。どうにもならないことに怒っても仕方がない。

84 被害者意識を持たない

誰でも被害者になった経験が一度や二度はあるはずだが、被害者意識を持つ必要はない。被害者意識を持たないための考え方をいくつか紹介しよう。

*変えることのできないことに時間を浪費しない。ひどいことが起こったことは残念だが、起こってしまったことは仕方がない。事態の深刻さに悩むのではなく、無数の善後策を考えることに時間を使おう。

*物事のポジティブな側面を見つける。あなたは自分がもっと強い存在だと想像できるのに、なぜ自分は弱くて無力な存在だと考えるのだろうか？ 自分を哀れむ気持ちに根拠があっても、それではますます弱く感じるだけだ。物事がうまくいかないときは、小さなことでもポジティブな側面を見つけよう。

＊自分の問題を人のせいにしない。被害者意識を持つ人は、自分の問題を人のせいにする傾向があるが、それは間違いだ。「私はこんなひどい目にあった」と愚痴をこぼすのではなく、「私はそれに対してこんなことができる」と考えよう。将来、同様の状況を避けるために自分に何ができるかが大切だ。

＊自分のことばかり考えない。被害者意識を持つ人は、自己中心的な傾向が強い。人生について不平を言って貴重なエネルギーを浪費するのではなく、建設的になることが大切だ。前向きな気持ちになれる活動に参加し、自分のことばかり考えないようにしよう。たとえば、ボランティア活動をする、アマチュア劇団に入る、趣味を持つ、体を動かすといったことが有効だ。

うまくいく考え方　その84

自分の問題を人のせいにするのではなく、自分には何ができるかを考える。

85 現実を受け入れる

どんなに努力しても人生とは不確実であり、ときには痛みや困難、損失を伴うことがある。それらのことを好きになる必要はないが、現実を受け入れて、できるだけうまく対処しなければならない。

変えることのできない困難な状況になったときは、人生は公明正大であることを思い出そう。人生は不公平なように見えるが、実際はそうではない。自分が犯した間違いから学ぶ人と学ばない人がいるだけなのだ。

現実を直視しよう。変えることのできない現実は、受け入れる以外に方法がない。変えることのできない現実を変えようとすることは危険であり、間違った信念に基づいて行動し続けることになる。

うまくいく考え方　その85

自分が犯した間違いから学び、
変えることのできない現実を受け入れる。

86 自分の間違いに責任を持つ

誰でも間違いを犯すが、誰もが同じ対応をするわけではない。一部の人は自分の間違いの原因が他者にあるとかたくなに主張する。だが、そういう姿勢は自滅的で、将来、多くの問題を引き起こすおそれがある。

賢い人は問題に遭遇すると、学習することによって人生の質を高める絶好の機会だと考える。そして、過去を振り返って不幸な経験の本当の原因を発見し、どんな行動をとっていたらその問題を避けることができたかを考える。賢い人はこうして洞察を深めるのだ。

このように対処すれば、貴重な知識が身につき、同じ間違いを繰り返さずにすむ。自分の間違いに責任を持つことで、人生の質を高めることができるのだ。

うまくいく考え方　その86

間違いを犯したときは、洞察を深める絶好の機会だ。

87 幸せ指数を高める

幸せとは、自分がつくり出す心の状態のことである。「幸せ指数」を高める方法をいくつか紹介しよう。

＊本当に楽しいと思うことをもっとする。何かに没頭していたときのことを思い出そう。そのとき、あなたは不確実な未来や悲痛な過去について考えず、現在に生きていた。幸せとは、我を忘れて何かに没頭しているときの感情だ。

＊ネガティブな出来事を分類する。ネガティブな出来事を、「どうにもならないこと」と「なんとかなること」のふたつに分類しよう。どうにもならないことに不平を言っても時間と労力のムダだ。なんとかなることに取り組もう。

＊幸せを感じる理由をたくさん見つける。一部の人は、不平ばかり言ってネガティブな

出来事を強調する人を身近に見て育った。だが、こんな悪習に染まってはいけない。幸せを感じる理由を探し出そう。たくさん見つかるはずだ。

＊自尊心を高める。人生はつまらないと思うなら、意識的かどうかは別として、人生とはそういうものだと信じているからだ。この状況を変えるには、自尊心を高めるといい。自分は素晴らしい人生を送る価値があると思えるはずだ。

＊いいことが起こると期待する。幻想を抱いて何もせずにじっと待つという意味ではない。いいことが起こると期待すると、実際にそれを経験することになる。楽天的でいると、問題解決に向けて前向きな考え方ができるからだ。

うまくいく考え方　その87

幸せは、自分でつくり出せる感情だ。

88 人生は不公平だと考えない

あなたは今まで何回くらい、「人生は不公平だ」とぼやいてきただろうか？　理想の世の中なら誰もが公平に扱ってもらえるだろう。しかし残念ながら、この世の中は理想とはほど遠いものだ。ときには、私たちを押しつぶしかねない勢いで問題が次々と発生する。親切で愛情深い人たちにひどいことが起こる。人間の社会は不平等と不条理で満ちあふれているのが現実なのだ。

しかし本当の問題は、私たちの身に起こることよりも、私たちが人生は公平であるべきだという非現実的な信念を抱いていることである。ここで重大な質問をしよう。なぜ、あなたは人生が公平であるべきだと考えるのだろうか？　あなたがそういう願望を抱くのは理解できるが、その願望は実現しない。

よく注意すれば、「公平」と「不公平」の境界線は思っていたほど明確でないことに気づくはずだ。賢い人は、不公平に見える出来事が自分のつくり出したものであり、自分の行為の結果を経験しているにすぎないことを理解している。

人生が不公平だと考えると、自分を被害者だと思い込んでしまいがちだ。公平とは普遍的な法則ではなく、自分がつくり出した概念であることに気づこう。

あなたの身に起こることの中には、公平に見えるものもあれば不公平に見えるものもある。あなたより恵まれている人もいれば、そうでない人もいる。そのような不平等についていくら考えたところで、あなた自身がポジティブな変化を起こさないかぎり、何も改善されない。

うまくいく考え方　その88

「人生は不公平だ」とぼやいている時間があったら、自分にできることをして、よりよい未来を切り開く。

89

一部の人に嫌われても気にしない

大きな書店で面白い本を探しているとしよう。伝記には興味がない、児童書は何年も前に卒業した、犯罪ドキュメンタリーは怖いので敬遠する。コーナーからコーナーへと移動すると、いろいろな本があることに気づく。興味のある本もあれば、興味のない本もある。冒険小説のコーナーを通り過ぎると、推理小説のコーナーがあった。これだ！　あなたは数分以内に一冊の本を選び、それを買って帰宅した。

ところで、なぜこんなに多くの種類の本があるのだろうか？　それだけ多くの種類の読者がいるからだ。その点で人間は本に似ている。退屈な人、不愉快な人、自分とかけ離れている人、自分とぴったり合う人など、さまざまだ。人々の多様性を考えると、好きになれない人がいるのは仕方がない。あなたを嫌っている人がいるのは当然なのだ。

では、あなたは、あなたを嫌っている人にどう対応すべきだろうか？　自分に危害が及ばないかぎり、何もする必要はない。

誰かがあなたを嫌っているからといって、あなたに問題があるわけではない。自分の性格の一面を変えて好かれようとする人もいるが、よほど問題のある性格でないかぎり、そんなことをする必要はない。もし他の人たちから嫌われている自分の側面をすべて変えようとすると、一人ひとりの好みはすべて違っているのだから、とてつもない作業に取りかかることになるだろう。

うまくいく考え方　その89

すべての人に好かれる必要はない。

自分の手で
人生を創り出す

90 自分らしく生きる

あなたは人生のある時期、意識的かどうかは別として、周囲の人たちと調和するために妥協するか、自分らしく生きるかを決断したはずだ。ほとんどの人は妥協を選ぶ。社会的に受け入れられるかどうかは、周囲の人たちの外見と行動をどれだけうまくまねるかに左右されると考えているからだ。

その原因は、「みんな」と同じように考え、行動し、さらに外見的にも同じようにするよう幼少期からしつけられてきたことにある。あまりにも多くの人が調和を求めたので、そうしなければならないと思い込むようになったのだ。

妥協にはいくつかのメリットがある。社会的に受け入れてもらいやすいし、友だちの輪を広げることもできる。目立ちたくない人にとっては「保護色」の役目もある。だが、それらのメリットは次のデメリットを上回るだろうか？

- いつも他人の目を気にしなければならない。
- 多数派の選択は自分には合わないかもしれない。
- 自分の好みを抑圧すればするほど、自分らしさがなくなる。
- 自分の意に反して周囲の人たちと同じような生き方をしなければならない。

では、周囲の人たちとうまくやっていくための最も現実的なアプローチは何だろうか？　多くの人にとって、極端な妥協と極端な個性の中間あたりが最もうまくいく。要するに、自分にとってメリットがあるときは妥協し、そうでないときは自分らしい生き方をすればいいのだ。

うまくいく考え方　その90

妥協すべきときは妥協し、
個性を主張すべきときは個性を主張する。

91 お互いの違いを尊重する

私たちは、世の中の多数派と違っている人には問題があると教えられてきた。だが、地球上のすべての人は他のどの人とも違っている。もし私たちが人々の違いに気づかないなら、それが存在しないからではなく目立たないからだ。

人間は機械のように大量生産されるのではない。私たちはみな、無限に近い資質と特徴を持つ特殊な存在なのだ。精神的・肉体的な側面、知能、人種、民族、教育、社会的・経済的レベル、職業、宗教など、数え上げればきりがない。

人々の違いに注目することになんらかのメリットがあるだろうか？　自分に好ましい影響がある場合や実生活で必要な場合を除いて、なんのメリットもない。

違いがあることは人間としての価値に影響を与えるだろうか？　そんなことはまったく

ない。

あなたは「違いがそんなに取るに足らないものなら、なぜ一部の人はそれを問題視するのだろうか？」と思うかもしれない。ほとんどの場合、その人たちは精神的に不安定なので、人々の違いを指摘することによって自分の「正しさ」を証明しようとするからだ。人々の違いに対処する最善の方法は何だろうか？　自分に危害が及ばないかぎり、価値判断をせずにそのまま受け入れればいいのだ。

人々の違いは存在する。もし自分の違いが気に入らず、適切な行動によって改善できるなら、ぜひそうすべきだ。しかし、改善できないなら、それを受け入れて生きていく方法を学ばなければならない。

うまくいく考え方　その91

人は一人ひとり違うのだから、
その違いを価値判断せずに受け入れる。

92 自分の外見より内面を重視する

あなたは自分の外見が今と違っていたらいいと思うだろうか？　現実の自分と大なり小なり違っていたいと思うのが、人間の性だ。実際、自分が他人よりどれだけ外見的に優れているかが、私たちにとって最大の関心事のひとつである。

なぜ外見がそれほど重要に思えるのだろうか？　他人の目を意識しすぎて自分の姿がどう映っているかをいつも心配しているからだ。自分の外見を二枚目俳優やファッションモデルと比較するという非現実的な習慣によって、私たちは問題をさらに厄介なものにしている。

自分の外見に対して最悪の意見を持っているのは誰か？　それはおそらく自分自身だ。人々は自分を最も激しく批判する傾向があるからだ。他の人たちも厳しいことを言ってくるかもしれないが、深刻な精神的ダメージを与えるのは自分自身の辛辣な批評だ。

この有害な性癖を解消するのに役立つアイデアを紹介しよう。まず、外見は最も重要でない側面のひとつであり、人を外見で判断するのは最も浅はかな判断の仕方のひとつであることを理解しよう。性格、知性、ユーモア感覚、会話能力のほうがはるかに重要なのだ。外見は人々を最初のうちは引きつけるかもしれないが、長期的関係の基盤にすべきものではない。次に、自尊心を高める努力をしよう。自尊心が高まれば高まるほど、外見はあなたにとって重要でなくなる。

あなたが自分の外見について心得るべき唯一の義務は、身だしなみを整えて清潔さを心がけることだ。最新のファッションを身にまとう必要はない。自分に合う服装を選べばいいのだ。

うまくいく考え方　その92

自分の外見を自分で批判するより、内面を充実させる努力をする。

93 些細な問題にとらわれない

些細な問題とは何か？　それが本当は問題ではないことを発見したら消えるような問題のことだ。たとえば、ある朝、職場に着くと、自分専用の駐車スペースに他の車がとまっているのを見つけたとしよう。あなたは数メートル先にある一般向けの駐車スペースを利用しなければならなくなったことに腹を立てる。そちらのほうがあなたの駐車スペースより広くて便利であるにもかかわらず、あなたは他人のマナー違反にずっと怒っている。

なぜこれが些細な問題なのか？　誰もがあなたの駐車スペースを尊重するとはかぎらないのに、あなたがそれを期待したからだ。ほかに駐車スペースがないというのなら、あなたの怒りにも正当性がある。だが、もっと便利な場所が実際にあるのだ。あなたが経験する唯一の苦痛は、自分のプライドが傷ついたことだ。この問題は以前から存在していたか？　そうではない。あなたが職場に着いたときに、あなた自身がつくり出したのだ。

些細な問題は、非現実的な期待の表れである。それは心の中だけに存在するから、心の持ち方を変えることが唯一の解決策だ。

些細な問題を人生から排除する方法はふたつある。

＊自分の望みどおりに他人は振る舞ってくれないという事実を受け入れる。

＊自分に危害が及ばないかぎり、他の人をあるがままに受け入れ、変えようとしない。

うまくいく考え方　その93

些細な問題をつくり出しているのは自分の心だ。
非現実的な期待をしなければ、問題は消える。

94 自分を飾らない

私たちは自分と違う人のふりをすることがよくある。たとえば、誰かと会ったときに、その人と親しくなりたいと思うと、急にお行儀がよくなるのがそうだ。

「それのどこがいけないの？　相手にできるだけ好印象を与えたいと思うのは当然でしょう」とあなたは反論するかもしれない。なるほどそうかもしれないが、だからといってそういう態度が正当化できるわけではない。

もちろん相手に好印象を与えることは間違っていない。ただし、それには、知り合ってからもずっとそのように振る舞うという条件がつく。しかしながら、私たちが自分のふだんの行動様式に戻り、相手が私たちのことをよく知るようになると、彼らの私たちに対する感情は変わる。しかも、いい方向に変わるとはかぎらない。

「お行儀がいい」という段階は、めったに長続きしない。人々はふだんの行動様式に戻り、人間関係が変化するからだ。そのプロセスは、美しく包装されたパッケージを開くのに似ている。パッケージの中身が外見と同じように美しいこともあれば、包装紙をめくれば中身が気に入らなくなることもある。

自分らしく振る舞うことについて、心に銘記すべきことは次のふたつだ。

＊誰にも迷惑をかけないかぎり、自分らしく振る舞えばいい。

＊居心地が悪く感じるなら、自分らしく振る舞っていない。

うまくいく考え方　その94

誰にも迷惑をかけないかぎり、
自分らしく振る舞えばいい。

95 自分に正直になる

あなたは他人が正直であるかどうかについてはほとんど何もできないが、自分に正直になることならできる。人と会ったときに自分のふだんの行動様式を変えなければいいのだ。

一部の人が本当のあなたを嫌っても、気にする必要はない。できるだけ早く本当のあなたを知ってもらったほうがお互いのためではないだろうか？

うまくいく考え方　その95

ありのままの自分を
人に知ってもらうのがいちばんいい。

96 不幸な人間関係を避ける

一部の人は好ましくない理由で人間関係をつくる。次のような理由がそうだ。

「相手の問題を解決したい」

そういう思いで人間関係をつくっても、うまくいかないことのほうが多い。相談に乗るのはいいが、問題を抱えている人には最終的に自分で問題を解決させたほうがいい。他人を助けるのは、問題に対して私情を交えずに客観的に対処できる専門家に任せるべきだ。

「自分の価値を高めたい」

自分を不適格な人間だと感じている人は、特定の人とつき合えば自分の社会的価値が高まると考える。しかし、たとえそれが実現しても、精神的に高い代償を払う羽目になる。

「自分がつまらない人間だと感じる」

こういう人は、自分の不完全さを補ってくれる人といっしょにいたいと考える。この組み合わせはビジネスではうまくいくが、個人的な関係ではうまくいかないことが多い。相手に依存しなくてもすむように、自分の中で不十分だと感じる側面を改善しよう。

「相手がいなくなってさびしい」

ひとつの人間関係が終わったら、すぐに別の人間関係をつくろうとせず、その期間を新しい人生観を探求したり、新しい人と出会ったり、前の人間関係ではできなかったことをしたりするために利用しよう。悪い人間関係をつくるくらいなら、人間関係がないほうがましだ。

うまくいく考え方　その96

人間関係をつくるのを急ぐ必要はない。本当にそれが必要なのかどうか、検証してからでも遅くない。

97 人がいつも理解してくれると期待しない

「誰も私を理解してくれない」と言うとき、人は満たされない願望を抱え、何も言わなくても他人がそれを満たしてくれることを求めている。

しかし、その要求は現実的ではない。あなたをよく知っていて、あなたの行動を注意深く観察している人ですら、あなたの願望を理解していないことがよくあるからだ。

この満たされない願望はどんな結果をもたらすだろうか？　ほとんどの場合、不幸と失望である。さらに悪いことに、被害者意識を抱きやすい。なぜか？　私たちに何かが起こるからではなく、何も起こらないからだ！

他人が私たちの心を読んでくれることを期待してはいけない。それは願望と現実を混同している。私たちは無限の組み合わせの中で創造された複雑な存在だ。私たちは個性的な人間であり、他の個性的な人間に完全に理解してもらえると期待することはできないのだ。

こんなふうに考えてみよう。ほとんどの人は自分すら理解していない。内面の働きの多くは謎である。私たちは自分の動機や欲求ですら理解していないことがよくあるのだ。とすれば、他人が私たちの動機や欲求を理解してくれると期待するのは不合理ではないだろうか？

この問題に対する解決策は、自分の求めているものを相手にはっきり伝えることだ。何も言わなくても相手が理解してくれることを期待してはいけない。

うまくいく考え方　その97

「誰も私を理解してくれない」と嘆くより、言葉ではっきりと伝える。

98 自分の価値観を大切にする

あなたは自分が必要としていない物や欲しくない物を買ってはいないだろうか？　きっと、あなたは「そんなことはない！」と否定するだろう。だが、次の質問に答えれば考えが変わるはずだ。

●印象づけたいと思う相手に自分の価値を見せつける目的で何かを買ったことはないか？

●「みんな」が持っているのに自分だけが持っていないように感じたくないという理由で、本当は欲しくない物を買ったことはないか？

●ほんの数人の友だちが持っているというだけで、経済的に買う余裕のない高価な物を買ったことはないか？

以上の質問のどれかに「ある」と答えたなら、あなたは「人並みに暮らしたい症候群」

にかかっている。その最大の問題は、自分の人生を他人に規定されてしまうことだ。自分の価値観ではなく、他人の価値観に従って生きることになるからだ。

人並みに暮らすにはどうすればいいかを考えるのではなく、自分にとってどんな価値観が大切なのかを自問しよう。

他人に見せつける効果をねらって物を買えば、短期的な満足感を得ることができるかもしれない。しかし、長い目で見ると、勝者のいない競争を果てしなく続ける羽目になる。

うまくいく考え方　その98

他人が持っているからではなく、自分に本当に必要な物だけを買う。

99 所有物で自分の価値を高めようとしない

一部の人は、「人並みに暮らしたい症候群」をさらに進めて「人並み以上の暮らしをしたい症候群」にかかっている。彼らは周囲の人より値段の高い物や上等の物を買って贅沢な暮らしをしたいと考えている。

しかし、他人の思惑を計算して買うかどうかを決めても、もくろみどおりにいくとはかぎらない。たとえば、あなたが印象づけようとしている相手が、あなたの所有物になんの興味も示さなければどうなるか？　主体性のない人物としてあなたを無視したらどうなるか？

うまくいく考え方　その99

他人に見せつけるために高い買い物をするのは意味がない。

100 賢明な選択をする

選択をするのは簡単だが、賢明な選択をするのはむずかしい。自分が何を選ぶかはたいへん重要である。一つひとつの選択はあなたの人生の方向性を大なり小なり変える分岐点になるからだ。

重要な決定に直面したとき、あなたはどうするか？　結果を予測して最大の利益が得られる選択肢を選ぶはずだ。

いい選択と悪い選択を識別する方法を紹介しよう。いい選択とは何かについて適切な指針を持つことによって、個人的な問題を以前より迅速かつ効果的に解決できるようになるだろう。

いい選択とは、次の指針をすべて満たすものでなければならない。

＊気分がよくなる。
＊他の人が変わる必要がない。
＊自分の幸せが優先されている。
＊他の人が責任をとる必要がない。
＊自分を含めて誰も被害を受けない。

以上のすべての指針に従うなら、あなたは人間関係を改善し、はるかに幸せになるはずだ。

自分の人生に悪影響を及ぼす選択を続けるか、いい選択をするための戦略を学ぶために少しの時間を投資するか？

どちらを選ぶかは、あなた次第だ。

うまくいく考え方　その100

いい人生をつくるには、一つひとつの選択の機会を大切にして、いい選択肢を選ぶことだ。

訳者あとがき

本書は、一九九九年に刊行された『うまくいっている人の考え方』と、その五年後に刊行された続編の『うまくいっている人の考え方　発展編』を合わせて一冊に再編したものです。

著者のジェリー・ミンチントンはアメリカの著述家で、心理学に造詣が深く、自尊心の重要性を強調しています。

ここでいう自尊心とは単なるプライドのことではなく、自分の人格や能力に幸せを感じる気持ちのことです。著者は自尊心が人生の質を大きく左右すると主張しています。

自尊心が低いと「自分はダメな人間だ」と思って生きることになり、それでは自信をもって行動することができず、仕事や人間関係に支障をきたしやすくなります。つまり、自分との関係がうまくいっていないと、他人との関係もうまくいかず、人生のあらゆる面でぎくしゃくしてしまう、ということです。

本書は自尊心を高める方法を一〇〇個紹介しています。とくに大切なのは、他人と比較しない、ということです。著者はその理由として、「自分の価値は自分の個性にあるのだから、自分を他人と比べても意味がない」と説明しています。

読者のみなさまが自尊心を高めて充実した人生を送られるうえで、本書が一助になれば幸いです。

最後に、本書の出版に関しましてはディスカヴァー・トゥエンティワン編集部の藤田浩芳氏にお世話になりました。心より感謝申し上げます。

訳者しるす

ディスカヴァー携書100

うまくいっている人の考え方 完全版

発行日 2013年4月25日 第1刷
2024年12月5日 第117刷

Author ジェリー・ミンチントン

Translator 弓場 隆
Book Designer 石間 淳
Illustrator 唐仁原 教久

Publication 株式会社ディスカヴァー・トゥエンティワン
〒102-0093 東京都千代田区平河町2-16-1 平河町森タワー11F
TEL 03-3237-8321（代表） 03-3237-8345（営業）
FAX 03-3237-8323
https://d21.co.jp/

Publisher 谷口奈緒美
Editor 藤田浩芳

Store Sales Company
佐藤昌幸 蛯原昇 古矢薫 磯部隆 北野風生 松ノ下直輝 山田諭志
鈴木雄大 小山怜那 町田加奈子

Online Store Company
飯田智樹 庄司知世 杉田彰子 森谷真一 青木翔平 阿知波淳平
井筒浩 大﨑双葉 近江花渚 副島杏南 徳間凜太郎 廣内悠理
三輪真也 八木眸 古川菜津子 斎藤悠人 高原未来子 千葉潤子
藤井多穂子 金野美穂 松浦麻恵

Publishing Company
大山聡子 大竹朝子 藤田浩芳 三谷祐一 千葉正幸 中島俊平
伊東佑真 榎本明日香 大田原恵美 小石亜季 舘瑞恵 西川なつか
野﨑竜海 野中保奈美 野村美空 橋本莉奈 林秀樹 原典宏 牧野類
村尾純司 元木優子 安永姫菜 浅野目七重 厚見アレックス太郎
神日登美 小林亜由美 陳玟萱 波塚みなみ 林佳菜

Digital Solution Company
小野航平 馮東平 宇賀神実 津野主揮 林秀規

Headquarters
川島理 小関勝則 大星多聞 田中亜紀 山中麻吏 井上竜之介
奥田千晶 小田木もも 佐藤淳基 福永友紀 俵敬子 池田望
石橋佐知子 伊藤香 伊藤由美 鈴木洋子 福田章平 藤井かおり
丸山香織

DTP 美研プリンティング
Printing TOPPANクロレ株式会社

携書ロゴ：長坂勇司
携書フォーマット：石間 淳